Thailand
kulinarisch entdecken

Thailand
kulinarisch entdecken

Fotos von Alan Benson
Texte von Lulu Grimes
Rezepte von Oi Cheepchaiissara

h.f.ullmann

INHALT

Einleitung	6

REZEPTE

Snacks & kleine Imbisse	18
Suppen	56
Salate	78
Fisch & Meeresfrüchte	102
Fleisch & Geflügel	130
Currys	142
Pfannengerührtes	176
Nudeln & Reis	202
Gemüse	234
Desserts	248
Grundlagen	270
Glossar	288
Register	292

KULINARISCHE ENTDECKUNGEN IN THAILAND

Strassenstände Von Salaten und Nudeln zu Sateh und Klebreis	50
Obst Tropische Obstsalate, Säfte und geschnitzte Garnierungen	96
Fisch & Meeresfrüchte Frisch, getrocknet oder fermentiert	124
Gewürze Fein oder scharf, immer vielseitig	170
Reis Die Grundlage des Lebens in Thailand	228
Süssigkeiten Kleinigkeiten für jede Gelegenheit, vor allem für Feste	264

Thailand
kulinarisch entdecken

THAILAND WAR JAHRHUNDERTELANG STATION FÜR HÄNDLER AUF IHREN REISEN ZWISCHEN SÜDOSTASIEN, INDIEN, CHINA UND DEM REST DER WELT UND HAT DIE EINFLÜSSE AUS ANDEREN LÄNDERN GESCHICKT IN DIE EIGENE, TYPISCHE KÜCHE AUFGENOMMEN, OHNE DIE HEIMISCHE KULTUR ZU STÖREN.

Obwohl durch Thailand immer schon Handelswege führten, wurde es im Gegensatz zu anderen asiatischen Ländern nie von einer europäischen Kolonialmacht beherrscht. Das geheimnisvolle, exotische Siam, wie Thailand früher genannt wurde, konnte die Besucher aus Europa verzaubern und verändern, aber auch abweisen. Die Nachbarn ließen sich weniger leicht abwehren; regelmäßig kam es zu Invasionen, vor allem aus Burma. Trotzdem spiegelt sich Thailands religiöses (buddhistisches) und kulturelles Erbe ebenso wie die Vielfalt der heimischen Zutaten in der traditionellen Küche wider. Der Buddhismus durchdringt alle Bereiche des Lebens. Die meisten Männer verbringen in ihrer Jugend mindestens drei Monate als Mönch und werden, wie alle Mönche, aus Respekt von den anderen Mitgliedern ihrer Gemeinde verpflegt. Essen und Religion gehören also zusammen.

Die Grundlagen der Thai-Küche sind uralt und wurden Jahrhundertelang in der königlichen Hofküche überliefert, aber auch durch viele Einflüsse von außen ergänzt. Trotz der riesigen Unterschiede im Wohlstand sind die grundlegenden Zutaten und Rezepte, ebenso wie die Zubereitungsarten, auch heute noch auf dem Land ähnlich wie am Hof. Die Präsentation mit Kunsthandwerk und auch die höhere Qualität der Zutaten bei Hofe erhoben die königliche Küche über die des gemeinen Volkes. In den Palästen wurde viel Aufwand betrieben, um kulinarische Fähigkeiten und Kenntnisse weiterzugeben und den eigenen guten Ruf zu erhalten.

Reis ist das Zentrum der Thai-Küche und -Kultur. Bananenblätter dienen zur Verpackung der über die Straße verkauften Mahlzeiten. Junge Mönche auf einem Boot auf dem Chaophraya in Bangkok. Bananen wachsen überall. Köstliche Speisen werden auf den Nachtmärkten verkauft. Eine Frau mit einem traditionellen Hut. Die reich verzierte Architektur von Wat Saen Fan in Chiang Mai.

Getrocknete Meeresfrüchte sind eine beliebte Zutat. Die Fische werden in Gewässern um Phang-nga gefangen. Frische Früchte wie Rambutans oder grüne Mangos werden ganz oder, wie die konservierte Lotuswurzel, fertig zum Verzehr verkauft. Der Wai, der traditionelle Gruß, hier als Logo. Zucker, Chilis in Essig, Chilisauce und Fischsauce sind Würzzutaten. Kräuter sind sehr wichtige Gewürze.

EINLEITUNG

EINFLÜSSE

Kulinarische Ideen drangen über die durchlässigen Grenzen von Malaysia, Laos, Kambodscha und Burma nach Thailand vor. China hat ebenfalls Spuren in der Thai-Küche hinterlassen, am stärksten in der Nähe der Grenzen. Die Gerichte an den Ufern des Mekong erinnern an Laos, Kambodscha und Vietnam. In der Umgebung von Chiang Mai sind burmesisch angehauchte Gerichte, an der malaysischen Grenze muslimische Gerichte wie Massaman und Roti verbreitet.

Der wichtigste Beitrag zur Thai-Küche kam aber nicht aus Asien, sondern über Europa aus Südamerika. Im 16. Jahrhundert brachten die Portugiesen eine Pflanze mit, die sich zum Erkennungszeichen der Thai-Küche entwickeln sollte: die Chili. Wie viele andere traditionelle Küchen, die die Chili begeistert übernahmen, hatte auch die Thai-Küche bereits scharfe Zutaten wie frische grüne Pfefferkörner, getrocknete weiße Pfefferkörner und Galgant. Seit einigen Jahrhunderten werden außerdem fremde *(farang)* Gemüse und Früchte wie Tomaten, Auberginen, Spargel, Möhren (so genannte orange lange Rüben), Zuckerschoten und Mais gern kultiviert.

SO ISST MAN IN THAILAND

Mit Ausnahme von Snacks wie Nudeln, Salat aus grüner Papaya oder einer einzelnen Portion Curry auf Reis ist das Essen in Thailand meist zum Teilen gedacht. Die Portionen werden auf Platten serviert und sind für mindestens zwei Personen bestimmt. Alles, was auf den Tisch kommt, ist eine Beilage zum Reis, dem wichtigsten Bestandteil der Mahlzeit. Im Allgemeinen wird der Reis mit einem Curry, einem Fischgericht, etwas Pfannengerührtem, einem Salat, einer Suppe und Gemüse aufgetragen. Alle Gerichte werden gleichzeitig serviert. Im Gegensatz zur europäischen Tradition werden Suppen hier zur Mahlzeit gegessen, nicht vorher. Der Gastgeber sagt: *Kin khao,* »Esst Reis!« Die Speisen müssen nicht unbedingt dampfend heiß sein.

TISCHSITTEN

In Thailand wird mit Löffel und Gabel gegessen; dabei benutzt man die Gabel, um das Essen auf den Löffel zu schieben oder um Fleischstücke oder Obstscheiben aufzunehmen. Mit Stäbchen isst man nur Nudeln; Klebreis und die dazugehörigen Beilagen werden mit der rechten Hand aufgenommen. Hier weitere Feinheiten der Etikette: Die Platten mit den Speisen bleiben immer auf dem Tisch stehen; es gilt nicht als unfein, sich über den Tisch zu strecken, und jemand, der näher an dem gewünschten Gericht sitzt, wird immer gerne etwas davon austeilen. Von jedem Gericht sollte man nur ein paar Löffel auf einmal nehmen, da alles Beilage zum Reis ist.

EINLEITUNG

ESSEN IM NORDOSTEN

Der Nordosten oder Isaan besteht zum größten Teil aus einem Hochplateau, das von den Phu-Phan-Bergen geteilt wird. Weitere Gebirge trennen die Region vom übrigen Land ab. Der kulinarische Einfluss von Laos und Kambodscha war hier sehr stark, die Küchentraditionen überschneiden sich sehr. Der Mekong bildet die Grenze zu diesen beiden Ländern und dient seit Jahrhunderten als wichtigster Handelsweg.

Aus Nordostthailand stammt vermutlich der erste Reis. Heute wird er auf dem größten Teil des Plateaus gepflanzt, leider ist der Regen hier weniger zuverlässig, sodass auch der Ertrag unterschiedlich ausfällt. Auf dem Land wird Klebreis bevorzugt, in der Stadt Langkornreis. Dass diese Gegend ärmer ist, macht sich auch in der Küche bemerkbar. Reis ist Grundnahrungsmittel, die Beilagen werden in kleinen Mengen, aber sehr scharf gewürzt gereicht. Unfermentierte Fischsauce und Chilis sind die wichtigsten Gewürze. Eingemachtes und Konserven sind ebenfalls ein Zeichen für die unzuverlässige Nahrungsversorgung und geben dem Reis außerdem mehr Geschmack als in ursprünglichem, frischem Zustand.

Kaiyang oder *Kaping,* gegrilltes Huhn, gibt es überall, oft wird es an der Straße verkauft. Die Haut des Huhns wird mit Knoblauch, Fischsauce, Korianderwurzel oder Zitronengras und schwarzem Pfeffer eingerieben. Dann wird das Huhn flach gedrückt und auf einen Bambusspieß gesteckt, über Holzkohle gegrillt und mit einem Chilidip serviert. Aus Huhn bereitet man auch *Laap* zu, eine Art Hackfleischsalat mit Limonensaft, Fischsauce, Zitronengras, Chilis oder Chilipulver und *Khao khua pon,* gebackenem Reis. Ente, Fisch und Büffel werden auch für *Laap* verwendet; *Neu naam tok,* gegrillte Rindfleischstreifen, werden zu ähnlichen Salaten verarbeitet.

Somtam, ein Salat mit grüner Papaya, Chilis, Erdnüssen, Kirschtomaten und getrockneten Garnelen ist beliebt. Die einzelnen Portionen werden mit der Hand zusammengedrückt und mit Klebreis gegessen. Werden noch eingelegte Krebse dazugegeben, wird *Somtam* zu einem eher laotischen Gericht. Es gibt scharfe und saure Suppen, *Tom* genannt, oder würzige, die *Sukii* heißen. *Sukii* werden in Dampftöpfen serviert und alle tauchen ihre eigenen Zutaten ein. Ganz im Süden wird auch Kokosmilch in die Suppen gegeben.

Insekten und Frösche sind sehr beliebt, rote Ameisen werden als Säuerungsmittel zu manchen Gerichten gegeben. Es gibt viele Süßwasserfische, der Mekong ist berühmt für riesige Welse, besonders im April und Mai.

Gebratenes Huhn ist ein beliebtes Essen. Gekochte Frösche und Insekten werden im Norden gegessen. Sonnenuntergang über dem Mekong mit Thailand am anderen Ufer. Rikschas sind viel benutzte Transportmittel in Udon Thani. Gern gegessene Snacks sind frisch zubereiteter Bambussprossensalat, grüner Papayasalat und Klebreis auf Bananenblättern.

Marktstände gibt es überall in Thailand: Gebratenes Gemüse appetitlich ausgelegt auf einem Bananenblatt, geschnittenes Obst in Plastiktüten, fertiges Naamphrik auf dem Warorot-Markt in Chiang Mai. Arbeiter in den Reisfeldern bei Chiang Rai. Eine typische Kopfbedeckung des Akha-Stammes. In den Hügeln bei Mae Salong im Norden des Landes wird Mais angebaut.

EINLEITUNG

ESSEN IM NORDEN

Nordthailand grenzt im Westen an Burma, im Osten an Laos und hebt sich mit einem traditionell starken Regionalbewusstsein deutlich von Süd- und Mittelthailand ab. Die Bergvölker bewirtschaften die Mittelgebirge und bauen Mais und Reis an. Die Familien arbeiten im Kollektiv und helfen einander bei der Pflanzung und bei der Ernte. Durch das kühlere Gebirgsklima gedeihen in dieser Region viele europäische Obstarten: Pfirsiche, Äpfel und Erdbeeren neben Litschis. Auch nicht heimische Gemüse wie Spargel und Zuckerschoten werden angebaut.

Stärker als alle anderen Gerichte der Region zeigen die nordthailändischen Currys Einflüsse aus Burma. Sie werden ohne Kokosmilch zubereitet, sind besonders feurig und eher dünnflüssig. *Gaeng hong lae,* Schweinefleischcurry aus Chiang Mai, ist das bekannteste Gericht. *Namprik,* Chilidips, werden ebenfalls gern gegessen und mit gekochtem oder rohem Gemüse und knusprig frittierter Speckschwarte serviert.

Schweinefleisch ist in dieser Region sehr beliebt. Es wird in seiner natürlichen Form oder als Wurst gegessen. *Naem maw,* fermentierte Wurst aus Speckschwarte und Klebreis, isst man ebenso gern wie *Sai ua,* leuchtend rote Würste aus Schweinefleisch und Chili. In Salaten wird auch eine Art Frankfurter Würstchen verwendet – nur eine der vielen Spuren, die die Anwesenheit amerikanischer Soldaten während des Vietnamkriegs in der Küche hinterlassen hat.

Kao niaw, Klebreis, ist die bevorzugte Reisart; er wird zu Gerichten wie *Naam phrik, Som tam* oder Pomelosalat und zu *Gaeng hong lae* gegessen. Viele Gerichte werden mit Klebreis serviert, den es fertig gekocht in Bananenblättern oder in Plastiktüten auf dem Markt zu kaufen gibt.

Nudeln sind vor allem bei den Chinesen (aus Shan und Yunnan) und Burmesen sehr beliebt. *Khao sawy,* flache Eiernudeln mit Curry, eine Spezialität aus Chiang Mai, werden von Nudelverkäufern aus Yunnan in der Nähe von Moscheen angeboten. *Khanom jiin* und *Kuaytiaw* (verschiedene Reisnudelarten) isst man ebenfalls gern. *Wun sen,* Glasnudeln, verwendet man für Salate und Suppen, aber auch als Füllung.

Formelle Mahlzeiten werden in kleinen Schüsseln auf einer *Kao niaw,* einer Teakplatte, serviert. Diese alte Art des Servierens ist heute wieder populär. Eine weitere Spezialität der Region sind Insekten: Frittierte Bambuswürmer, Wasserkäfer und verschiedene andere Insekten.

EINLEITUNG

ESSEN IN ZENTRALTHAILAND UND BANGKOK

Zentralthailand erstreckt sich vom Isthmus von Kra bis hinauf zu den Ebenen nördlich von Bangkok. Im Osten erreicht es die kambodschanische Grenze, im Westen die burmesische. Ein großer Teil dieser Region, die von vielen Flüssen durchzogen wird, gilt als Reisschale Thailands. Ein Kanalnetz dient als Transportweg und trägt ebenfalls zur Bewässerung bei. Reisfelder bedecken den größten Teil der Region, aber auch Obst, Zuckerrohr, Mais, Erdnüsse und Taro werden im großen Stil angebaut.

Zwar hat die Region fast keinen Zugang zum Meer, doch die Wasserwege liefern die verschiedensten Süßwasserfische, Garnelen und Krebse. Krebse und Fische leben auch in den Reisfeldern, ebenso wie Frösche und Wasserkäfer, die wie Huhn, Schwein und Rind eine Rolle in der Küche spielen. Hier werden viele Gemüse kultiviert, darunter die beliebte Thai-Aubergine, *Chaom* (ein bitteres Blattgemüse, das an einen Farn erinnert), Bambussprossen und Spargelbohnen sowie europäische Gemüse wie Tomaten. An den Ufern der Wasserwege werden außerdem *Pakk boog* (Wasserspinat) und Lotossprossen angebaut.

Die Küche von Zentralthailand gilt allgemein als die klassische thailändische und enthält die Gerichte, die am ehesten als thailändisch erkannt werden. Es gibt roten und grünen Curry und *Phanaeng*. An Suppen gibt es *Tom khaa kai, Tom yam* und *Kaeng jeut* (milde Suppe), *Yam* (Salate) sind ebenso beliebt wie Pfannengerührtes. Gerichte mit chinesischem Einschlag sind zum Beispiel solche aus dem Tontopf, verschiedene Nudelgerichte ebenso wie Schmortöpfe mit chinesischen Gewürzen. Auch *Sukii* nach Art des japanischen Sukiyaki ist im Angebot.

Die Gewürze sind klassisch und sorgen für die typische Kombination aus scharf, sauer, salzig und süß. Durch die Verwendung von Palmzucker schmecken viele Rezepte süßer als die entsprechenden Gerichte aus dem Süden. Si Racha am Golf von Thailand ist berühmt für seine Chilisauce, die als Würzsauce auf fast jedem Tisch steht.

Bangkok oder Krung Thep, wie die Stadt in Thailand abgekürzt wird, ist das moderne Zentrum der königlichen Küche. 1960 ließ König Bhumibol die Kochbücher des Hofes für jedermann öffnen. Restaurants, die sich auf die höfische Küche spezialisieren, sind der beste Ort, solche Köstlichkeiten zu probieren.

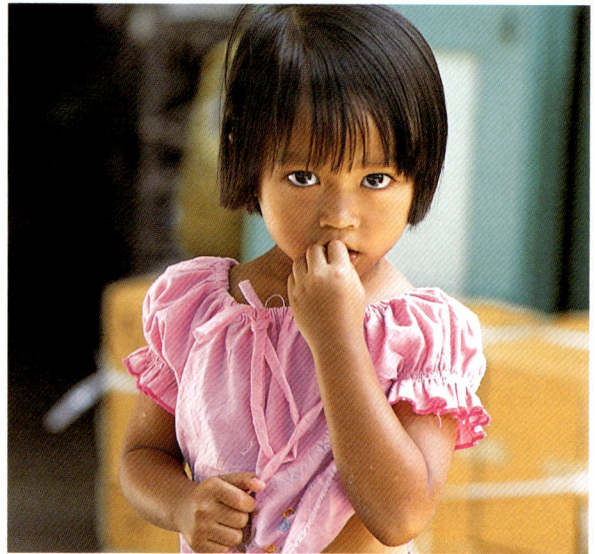

Frische Reisnudeln werden auf dem Aw Taw Kaw-Markt in Bangkok verkauft. Ein Mädchen schaut neugierig in die Kamera. Ein riesiger goldener Buddha beherrscht die Szenerie an der Straße nach Khorat. Aus dem Gemüseangebot auf dem Aw Taw Kaw-Markt. Die hektische Hauptstadt Bangkok als Kontrast zu dem Fortkommen per Boot in den ruhigen Klongs von Damnoen Saduak.

Im Strandcafé gibt es frischen Fisch. Palmen wachsen entlang der Straßen und Wasserwege. Fischer in langen Booten bei Phang-nga. Kokosnüsse sind im Süden überall: Noch grün am Baum, werden sie geknackt, um an das Fleisch zu kommen und jung wegen ihrer Milch gekauft. Zitronengras gehört zu den wichtigsten Gewürzen. Fisch auf dem Fischmarkt in Ranong.

EINLEITUNG

ESSEN IM SÜDEN

Die vierzehn Provinzen, die die Region zwischen dem Isthmus von Kra (der schmalsten Stelle Thailands) und der malaysischen Grenze bilden, unterscheiden sich in kultureller Hinsicht vom Rest des Landes. Wie ein Teil von Malaysia gehörten sie in antiker Zeit zum indonesischen Sriwijaya-Reich, sodass die malaiisch-indonesische Kultur und Religion im Lebensstil und der Sprache des Südens noch immer sehr gegenwärtig ist.

In den Provinzen direkt an der malaysischen Grenze leben viele Muslime, meist an der Küste und auf den umliegenden Inseln, als Fischer. Im Landesinneren bewirtschaften buddhistische Thais die Felder, eine chinesische Minderheit lebt und arbeitet vor allem in den Städten.

Meeresfrüchte und Fisch sind die wichtigsten Zutaten im Süden; sie werden von allen vertretenen Kulturen und Religionen akzeptiert. Die beiden langen Küsten sorgen dafür, dass sie reichlich und frisch verfügbar sind. Sie werden auf Holzkohle gegrillt, für Pfannengerührtes und Currys verwendet und häufiger durch Trocknen haltbar gemacht. Entlang vieler Küstenstraßen stehen die Gestelle, an denen Tintenfisch und Cotton Fisch trocknen. Die einheimische Garnelenpaste und Fischsauce werden in großen Mengen verwendet.

Der Süden ist auch das Land der Palmen. Kokos- und Ölpalmen wachsen in Plantagen, aber auch wild. Weiter oben am Isthmus werden Zuckerpalmen wegen ihres süßen Saftes kultiviert. In Phuket gibt es zahlreiche Ananasplantagen. Wo immer es sich ermöglichen lässt, wird Reis angebaut.

Es gibt drei kulinarische Hauptrichtungen. (Buddhistische) Thai-Currys und Suppen werden oft mit Kokosmilch verfeinert und gedämpft. Als Gewürze kommen Kurkuma und Pfeffer hinzu, auch mit Chilis geht man großzügig um. »Gelbe« Currys sind sehr beliebt. In der muslimischen Küche verwendet man eher Ghee und Öl. Dazu gehört eine große Auswahl aromatischer Gewürze wie Kardamom, Kreuzkümmel und Nelken. *Kaeng Mussaman,* ein Curry nach indischer Art, schmeckt im Süden am besten. Indo-malaiische Gerichte wie Sateh werden ebenso gegessen wie das indische Roti. Zu den Gerichten mit chinesischem Einfluss gehören *Khanom jin* (chinesische Reisnudeln), grilltes Fleisch, verschiedene frittierte Snacks, gedämpfte Teigbällchen und Klöße.

In Cafés gibt es *Kopi* (Filterkaffee), der mit *Khao yam* (gekochtem Reis, gerösteter Kokosnuss, Limettenblättern, Bohnensprossen und Zitronengras) morgens serviert wird.

SNACKS & KLEINE IMBISSE

THAWT MAN PLAA
GEBACKENE FISCHKUCHEN MIT GRÜNEN BOHNEN

FISCHKUCHEN IST EINER DER VIELEN KÖSTLICHEN SNACKS, DIE IN THAILAND AN DER STRASSE VERKAUFT WERDEN. IN GRÖSSEREN MENGEN AUF BESTELLUNG GEBACKEN, WERDEN SIE IN PLASTIKTÜTEN VERKAUFT; DAZU GIBT ES EINEN BAMBUSSPIESS UND EINE KLEINE TÜTE WÜRZIGER SAUCE.

450 g festes weißes Fischfilet
1 EL rote Currypaste (Seite 276)
 oder fertig gekaufte Paste
1 EL Fischsauce
1 Ei
50 g Spargelbohnen, in dünne
 Scheiben geschnitten
5 Kaffirlimettenblätter, fein gehackt
Erdnussöl zum Frittieren
süße Chilisauce (Seite 284)
 zum Servieren
Gurkenrelish (Seite 287)
 zum Servieren

ERGIBT 30 Stück

DEN Fisch von Haut und Gräten befreien und grob hacken. Im Mixer glatt pürieren. Currypaste, Fischsauce und das Ei zugeben und nochmal glatt pürieren. In eine Schüssel geben und mit den Bohnen und Limettenblättern mischen. Mit nassen Händen dünne, flache Kuchen von etwa 5 cm Durchmesser aus der Fischmasse formen; dazu wird jeweils etwa 1 EL Teig gebraucht.

IM Wok oder einer tiefen Pfanne 5 cm Öl bei mittlerer Hitze erhitzen. Wenn das Öl heiß genug erscheint, etwas Fischkuchen hineinfallen lassen. Wenn es sofort zischt, ist das Öl heiß genug.

FÜNF oder sechs Fischkuchen in das Öl geben und frittieren, bis sie auf beiden Seiten goldbraun und sehr luftig sind. Mit einem Schaumlöffel herausnehmen und auf Küchenpapier abtropfen lassen. Die fertigen Fischkuchen warm halten, bis der Rest frittiert ist. Heiß mit süßer Chilisauce und Gurkenrelish servieren.

ALS Variation noch einmal das Rezept für die Fischkuchen herstellen und dabei die Currypaste weglassen. Wie oben zubereiten und mit den anderen Fischkuchen servieren.

Auf nassen Händen klebt die Fischmasse weniger stark und lässt sich besser formen.

THAILAND KULINARISCH ENTDECKEN

SOM TAM MALAKAW
SALAT MIT GRÜNER PAPAYA

DIESER SALAT AUS DEM NORDOSTEN IST HEUTE IN GANZ THAILAND BELIEBT. SOM BEDEUTET »SAUER« UND TAM BEDEUTET »STOSSEN« (IM MÖRSER). MULTIPLIZIEREN SIE DIE MENGEN MIT DER ZAHL DER GEWÜNSCHTEN PORTIONEN, ABER BEREITEN SIE IMMER NUR EINE IM MÖRSER ZU.

120 g kleine, harte, unreife Papayas
1 ½ EL Palmzucker
1 EL Fischsauce
1–2 Knoblauchzehen
25 g geröstete Erdnüsse
25 g Spargelbohnen, in 2,5 cm lange Stücke geschnitten
1 EL gemahlene getrocknete Garnelen
2–6 Vogelaugenchilis, ohne Stängel (mit 6 wird das Gericht sehr scharf)
50 g ganze Kirschtomaten oder 2 mittelgroße Tomaten, in 6 Spalten geschnitten
eine halbe Limette
Klebreis (Seite 280) zum Servieren

1 PORTION

DIE grünen Papayas mit dem Sparschäler schälen und in lange, dünne Streifen schneiden. Falls vorhanden, eine Rohkostreibe verwenden.

DEN Palmzucker in der Fischsauce auflösen.

IN einem großen, tiefen Mörser den Knoblauch zu einer Paste zerstoßen. Die gerösteten Erdnüsse zufügen und mit dem Knoblauch grob stoßen. Die Papaya hinzugeben und vorsichtig stoßen. Mit einem Löffel die Masse von den Mörserwänden lösen und gut mischen.

DIE Bohnen, getrockneten Garnelen und Chilis hinzugeben und auch diese Zutaten grob zerstoßen. Nun Zuckermischung, Tomaten und Limonensaft hinzufügen, und die Limonenschale klein gehackt zu der Mischung geben. Alles zusammen noch eine Minute stoßen, bis es gut gemischt ist. Wenn der Saft austritt, vorsichtiger rühren, damit er nicht spritzt. Die Limonenhaut entfernen. Die Sauce abschmecken und bei Bedarf nachwürzen. Sie sollte ausgewogen süß und sauer mit scharfem und salzigem Einschlag schmecken.

DEN Papayasalat mit dem Saft auf einen Teller geben. Mit Klebreis servieren.

Nur eine Portion Salat passt in den Mörser.

THAILAND KULINARISCH ENTDECKEN

SA-TE KAI
SATEH MIT HUHN

DAS AUS INDONESIEN STAMMENDE SATEH HAT SICH NACH NORDEN AUSGEBREITET UND DEM DORTIGEN GESCHMACK ANGEPASST. ES SOLLTE SCHNELL ÜBER HOLZKOHLE GEGART WERDEN. TRADITIONELL WIRD ES MIT ERDNUSSSAUCE SERVIERT, SCHMECKT ABER AUCH MIT GURKENRELISH.

Satay-Spieße auf dem Aw Taw Kaw-Markt in Bangkok.

Huhn und Marinade mit den Fingern zu mischen, sorgt dafür, dass alle Fleischstücke gut mit der Sauce bedeckt sind.

1 kg enthäutetes Hühnerbrustfilet

MARINADE
2–3 Schalotten, grob gehackt
4–5 Knoblauchzehen, grob gehackt
4 Korianderwurzeln, fein gehackt
2,5 cm frischer Ingwer, in Scheiben geschnitten
1 EL gerösteter gemahlener Koriander
1 EL gerösteter gemahlener Kreuzkümmel
1 EL gerösteter gemahlener Kurkuma
1 TL Thai-Currypulver (Seite 287) oder fertiges Thai-Currypulver
2 EL helle Sojasauce
4 EL Pflanzenöl
410 ml Kokosmilch (Seite 279)
2 EL Palmzucker
1½ TL Salz
40 Bambusstäbchen, ca. 18–20 cm lang
Erdnusssauce (Seite 284) oder Gurkenrelish (Seite 287) zum Servieren

ERGIBT 40 STÄBCHEN

DIE Hühnerbrust in 4 cm breite, 10 cm lange und 5 mm dicke Streifen schneiden und in eine Schüssel legen.

IM Mixer oder Mörser Schalotten, Knoblauch, Korianderwurzel und Ingwer zu einer Paste verarbeiten.

DIE Paste auf dem Hühnerfleisch verteilen, ebenso den Koriander, Kreuzkümmel, Kurkuma, Currypulver, Sojasauce, Pflanzenöl, Kokosmilch, Zucker und Salz. Mit den Händen oder einem Löffel umrühren, bis das Huhn rundum bedeckt ist. Mit Plastikfolie abdecken und für mindestens 5 Stunden oder über Nacht in den Kühlschrank stellen. Das Fleisch gelegentlich wenden.

DIE Bambusstäbchen 1 Stunde in Wasser legen, damit sie beim Grillen nicht verbrennen.

EIN Stück mariniertes Huhn wie beim Nähen auf einen Spieß stecken, bei kleineren Stücken zwei.

DEN Grill anheizen. Beim Elektrogrill die Schale mit Folie auslegen.

DIE Satehspieße 5–7 Minuten (Holzkohle) oder 10 Minuten (elektrisch) pro Seite grillen, bis das Fleisch durch und leicht braun ist. Häufig wenden und während des Grillens mit der Marinade bestreichen. Beim Elektrogrill in deutlichem Abstand von der Hitzequelle garen. Heiß mit der Erdnusssauce oder dem Gurkenrelish servieren.

THAILAND KULINARISCH ENTDECKEN

KHAO NIAW NA KUNG
KLEBREIS MIT GARNELEN- ODER KOKOSBELAG

GARNELENBELAG
2 Knoblauchzehen, grob gehackt
4 Korianderwurzeln, geputzt
¼ TL gemahlener schwarzer Pfeffer
1 EL Pflanzenöl
200 g gemahlene oder sehr kleine rohe Garnelen
25 g gemahlenes Kokosmark
1 TL Fischsauce
3 EL Zucker

ODER

KOKOSBELAG
150 g geriebene oder getrocknete Kokosnuss
150 g Palmzucker

1 Rezept Klebreis mit Kokosmilch (Seite 280)
3 Kaffirlimettenblätter, fein geschnitten, zum Garnieren

4 PORTIONEN

FÜR den Garnelenbelag Knoblauch, Koriander und Pfeffer im Mörser oder Mixer zu einer glatten Paste zerstoßen oder mit einem scharfen Messer sehr fein hacken. Das Öl im Wok oder in einer tiefen Pfanne erhitzen und die Knoblauchmischung bei mittlerer Hitze unter Rühren anbraten, bis sie duftet. Garnelen, Kokosmark, Fischsauce und Zucker zufügen und 3–4 Minuten weiter rühren, bis die Garnelen gar sind. Abschmecken und bei Bedarf nachwürzen. Das Gericht sollte süß und leicht salzig schmecken.

FÜR den Kokosbelag Kokosnuss, Zucker, 125 ml Wasser und eine Prise Salz in einem Topf mischen und bei schwacher Hitze umrühren, bis der Zucker aufgelöst ist. Nicht so stark einkochen, dass die Masse hart wird. Vom Herd nehmen.

ZUM Servieren eine kleine, nasse Schüssel mit dem Klebreis füllen und ihn auf einen Dessertteller stürzen. Den Garnelen- oder Kokosbelag darauf geben und mit Limettenblättern bestreuen. Nach Geschmack beide Beläge zubereiten und auf den Reis geben.

KAI TUN
GEDÄMPFTE EIER

2 große Eier
2 TL helle Sojasauce
1 Frühlingszwiebel, in feine Scheiben geschnitten
eine Prise gemahlener weißer Pfeffer
1½ EL Pflanzenöl
3–4 Knoblauchzehen, fein gehackt, einige Korianderblätter zum Garnieren
1–2 lange rote Chilis, in dünne Scheiben geschnitten, zum Garnieren

2 PORTIONEN

DIE Eier in einer Schüssel mit der Gabel verschlagen. Sojasauce, 170 ml Wasser, Frühlingszwiebel und Pfeffer einrühren. Auf zwei kleine, hitzebeständige Schüsseln verteilen.

EINEN Wok oder Dämpftopf mit Wasser füllen und zum Köcheln bringen. Die Schüsseln vorsichtig auf den Dämpfeinsatz für den Wok stellen. Zugedeckt die Schüsseln 13 bis 15 Minuten oder bis die Eier stocken im Dampf stehen lassen. Mit einem Schaschlikspieß oder einer Gabel probieren. Ist die Spitze sauber, sind die Eier gar.

IM erhitzten Öl den Knoblauch goldbraun anbraten. Die Eier heiß oder warm mit Knoblauch bestreut servieren. Mit Koriander und Chili garnieren.

GEDÄMPFTE EIER

KLEBREIS MIT GARNELEN- ODER KOKOSBELAG

THAILAND KULINARISCH ENTDECKEN

KRA PAO TONG
GOLDBEUTELCHEN

DIESE FRITTIERTEN HÄPPCHEN WEISEN AUF DEN EINFLUSS DER CHINESISCHEN KÜCHE IN THAILAND HIN. GOLDBEUTELCHEN EIGNEN SICH ALS KLEINE SNACKS ZU GETRÄNKEN, ABER AUCH ALS VORSPEISE. MIT SÜSSER ODER SCHARFER CHILISAUCE ODER AUCH MIT SOJASAUCE SERVIEREN.

110 g gehackte rohe Garnelen
80 g Wasserkastanien, abgetropft und grob gehackt
1 Knoblauchzehe, fein gehackt
1 Frühlingszwiebel, fein gehackt
1 EL Austernsauce
¼ TL Salz
¼ TL Pfeffer
30–35 Won-Tans, 7,5 cm im Quadrat
Erdnussöl zum Frittieren
süße Chilisauce (Seite 284) oder andere Chilisaucen zum Servieren

ETWA 30 STÜCK

GARNELEN in einer Schüssel mit Wasserkastanien, Knoblauch und Frühlingszwiebel mischen. Die Austernsauce, Salz und Pfeffer hinzugeben. Jeweils etwa ½ TL der Mischung in die Mitte der Won-Tans füllen. Die Ecken zusammendrücken, sodass ein kleiner Beutel entsteht. Auf eine Platte legen. Wiederholen, bis Blätter und Füllung aufgebraucht sind.

BEI mittlerer Hitze 5 cm Öl im Wok oder in einer tiefen Pfanne erhitzen. Wenn das Öl heiß genug erscheint, ein Stück Won-Tan-Teig hineinfallen lassen. Wenn es sofort zischt, ist das Öl soweit. Es darf nicht zu heiß sein, sonst verbrennen die Goldbeutelchen.

FÜNF Beutel ins Öl geben. Nach etwa 2 bis 3 Minuten werden sie fest. Ins Öl weitere 4 bis 5 Beutel geben und alle zusammen frittieren. Damit auch die Spitzen gar werden, mit dem Löffel Öl darüber gießen. Weitere 3 bis 4 Minuten frittieren, bis die Beutel goldbraun und knusprig sind. Die fertigen Beutel mit dem Schaumlöffel herausheben und dafür neue hineingeben. Auf Küchenpapier abtropfen lassen. Warmhalten, bis alle Beutel frittiert sind. Zum Servieren auf einen Teller legen. Mit Chilisauce servieren.

Eine kleine Menge Füllung in die Mitte eines Won-Tans geben und dieses vorsichtig zu einem eleganten Beutel formen.

THAILAND KULINARISCH ENTDECKEN

KARII BUFF
CURRYTÄSCHCHEN

FÜLLUNG
1 ½ EL Pflanzenöl
2–3 Knoblauchzehen, fein gehackt
1 kleine Zwiebel, fein gehackt
5 Korianderwurzeln, fein gehackt
200 g gehacktes Hühner- oder Schweinefleisch oder rohe Garnelen
1 kleine rote Paprika, fein gewürfelt
50 g Erbsen
350 g Kartoffeln, geschält, gekocht und klein gewürfelt
3 EL Fischsauce
2 EL Zucker
1 TL Thai-Currypulver (Seite 287) oder fertig gekauftes Thai-Currypulver
Erdnussöl zum Frittieren

TEIG A
340 g Mehl
2 ½ TL Backpulver
2 TL Zucker
½ TL Salz
80 ml Pflanzenöl

TEIG B
185 g Mehl
1 TL Backpulver
80–125 ml Pflanzenöl

FÜR 30 STÜCK

DAS Öl im Wok oder in einer Pfanne erhitzen und den Knoblauch unter Rühren anbraten. Zwiebel und Koriander zugeben und bei mittlerer Hitze 2 bis 3 Minuten garen. Das Hühnerfleisch hineinrühren und rühren, bis es gar ist. Paprika und Erbsen hinzufügen und 1 bis 2 Minuten rühren. Kartoffeln, Fischsauce, Zucker und Currypulver einrühren und abschmecken.

TEIG A: Mehl, Backpulver, Zucker und Salz vermischen. Eine Vertiefung in die Mitte drücken und das Öl hineingeben. Nach und nach 125–170 ml Wasser darunter mischen und vorsichtig kneten, bis ein glatter Teig entsteht. Daraus 15 Kugeln formen, auf einer Platte mit Plastikfolie abdecken. Für Teig B Öl, Mehl und Backpulver leicht vermischen, bis der Teig gerade zusammenhält. 15 Kugeln formen, auf eine Platte legen und abdecken.

EINE Kugel aus Teig A zu einer Scheibe formen, um eine Kugel aus Teig B legen und zusammendrücken. Zu einem 5 x 15 cm großen Rechteck ausrollen. Von der kurzen Seite her fest aufrollen. Mit dem Teigroller zu einem Rechteck ausrollen. Nochmal aufrollen und flachdrücken. Dann wieder aufrollen und in der Mitte durchschneiden. An der Schnittfläche sollten verschiedene Teigschichten zu sehen sein. Eine Hälfte auf die Schnittfläche stellen und zu einem Kreis ausrollen. In die Mitte des Blattes 1–1½ EL Füllung geben. Den Teigrand mit Wasser bestreichen. Das Blatt zu einem Halbkreis falten und die Ränder zusammendrücken. Den runden Rand in kleinen Schritten umfalten. Auf eine Platte legen und weiterarbeiten, bis Teig und Füllung aufgebraucht sind.

BEI mittlerer Hitze im Wok oder einer tiefen Pfanne 7,5 cm Erdnussöl erhitzen. Etwas Teig hineinfallen lassen. Zischt es, ist das Öl heiß genug. Es darf nicht zu heiß sein. Nun 3 bis 4 Täschchen hineingeben. Nach 2 Minuten kommen sie wieder an die Oberfläche. Weitere 2 bis 3 hineingeben und alle zusammen frittieren. Die Oberseite der Täschchen mit heißem Öl übergießen. Die fertigen herausnehmen und auf Küchenpapier abtropfen lassen. Alle weiteren frittieren. Heiß, warm oder kalt servieren.

Der Teig für diese Häppchen braucht etwas Zeit, aber das Ergebnis ist wunderbar knusprig und lecker.

THAILAND KULINARISCH ENTDECKEN

THUNG TONG
GOLDSÄCKE

DIESE FEINE VORSPEISE MIT CHINESISCHEM EINSCHLAG MACHT IHREM NAMEN ALLE EHRE. ZUM ZUBINDEN EIGNET SICH AUCH BLANCHIERTER SCHNITTLAUCH. FÜR DIE FÜLLUNG KÖNNEN ZUR HÄLFTE GARNELEN UND ZUR HÄLFTE HÜHNER- ODER SCHWEINEFLEISCH VERWENDET WERDEN.

280 g rohe Garnelen, geschält, geputzt, grob gehackt oder gehäutetes Hühner- bzw. Schweinefilet, grob gehackt
225 g Wasserkastanien aus der Dose, grob gehackt
3–4 Knoblauchzehen
3 Frühlingszwiebeln, in feine Scheiben geschnitten
1 EL Austernsauce
1 TL gemahlener weißer Pfeffer
1 TL Salz
2–3 Bund Frühlingszwiebeln oder 40 Stängel Schnittlauch, zum Zubinden
2 EL Mehl
40 Frühlingsrollenblätter, 13 cm im Quadrat
Erdnussöl zum Frittieren
Chilisauce zum Servieren

FÜR 40 STÜCK

MIT dem Mixer das Fleisch bzw. die Garnelen zu einer feinen Paste verarbeiten. Diese in einer Schüssel mit den Wasserkastanien, Knoblauch, Frühlingszwiebeln, Austernsauce, Pfeffer und Salz mischen.

FÜR die Bänder das Grüne der restlichen Frühlingszwiebeln in je 4 bis 6 lange Streifen schneiden. Für 5 Minuten in kochendes Wasser legen, bis sie weich sind. Auf Küchenpapier trocknen lassen.

DAS Mehl in einem kleinen Topf mit 8 EL Wasser glatt rühren. Unter Rühren bei mittlerer Hitze 1 bis 2 Minuten andicken lassen.

AUF der Arbeitsfläche 3 Frühlingsrollenblätter auslegen. Die restlichen Blätter in der Plastikhülle lassen, damit sie nicht austrocknen. Auf jedes Blatt etwa 2 TL Füllung geben. Rundum mit der Mehlpaste bestreichen. Zu einem Beutel formen und zusammendrücken. Auf eine mit Mehl bestäubte Platte legen. Diesen Vorgang wiederholen, bis Teig und Füllung aufgebraucht sind. Die Beutel mit Frühlingszwiebelstreifen oder Schnittlauch umwickeln und zuknoten.

BEI mittlerer Hitze im Wok oder einer tiefen Pfanne 7,5 cm Öl erhitzen. Wenn das Öl heiß genug erscheint, etwas Teig hineinfallen lassen. Wenn er sofort zischt, ist das Öl heiß genug. Es darf nicht zu heiß sein, denn sonst garen die Beutel zu schnell und werden braun. Ins Öl 4 Beutel geben und 2 bis 3 Minuten frittieren, bis sie fest werden. Dann 3 bis 4 weitere Beutel ins Öl geben und alle zusammen frittieren. Die Oberseiten mit heißem Öl begießen. Die Beutel 7 bis 10 Minuten frittieren, bis sie goldbraun und knusprig sind. Die fertigen Beutel mit dem Schaumlöffel herausnehmen und auf Küchenpapier abtropfen lassen. Warmhalten. Mit einer Chilisauce servieren.

Traditionell werden diese Beutel mit Frühlingszwiebelgrün zugebunden, mit Schnittlauch geht es etwas leichter.

THAILAND KULINARISCH ENTDECKEN

KHAO PHOHT THAWT
ZUCKERMAISKUCHEN

400 g Maiskörner (2 Kolben)
1 Ei
3 EL Reismehl
1 EL gelbe Currypaste (Seite 275)
2 EL gehackte Schalotten
1 EL Fischsauce
25 g grob gehacktes Koriandergrün
1 große rote Chili, gehackt
Erdnussöl zum Braten
Gurkenrelish (Seite 287) zum Servieren

FÜR 8 STÜCK

DIE Maiskörner mit Ei, Reismehl, Currypaste, Schalotten, Fischsauce, Koriander und Chili mischen. Daraus kleine Kuchen formen. Bei Bedarf mehr Reismehl zugeben, sodass eine weiche Masse entsteht.

DAS Öl erhitzen und die Maiskuchen 3 bis 4 Minuten goldbraun anbraten, dabei einmal wenden. Heiß mit Gurkenrelish servieren.

Akah Mädchen.

KHANOM BANG NA KUNG
SESAMGARNELEN AUF TOAST

280 g rohe Garnelen, geschält und geputzt
2 TL helle Sojasauce
1 Ei
4–5 große Knoblauchzehen, grob gehackt
7–8 Korianderwurzeln, grob gehackt
1/4 TL gemahlener weißer Pfeffer
1/2 TL Salz
7 Scheiben altbackenes Weißbrot, entkrustet, in je zwei Dreiecke geschnitten
3 EL Sesam
Erdnussöl zum Frittieren
Gurkenrelish (Seite 287) zum Servieren

ERGIBT 14 STÜCK

IM Mixer die Garnelen zu einer glatten Paste verarbeiten. In eine Schüssel geben, die helle Sojasauce und das Ei zufügen und gut mischen. In etwa 30 Minuten fest werden lassen.

IM Mörser Knoblauch, Koriander, Pfeffer und Salz zu einer glatten Paste verarbeiten und zu den Garnelen geben. (Im Mörser erhält die Masse genau die richtige Konsistenz; es kann auch mit den Garnelen im Mixer püriert werden.) Den Elektrogrill auf mittlere Hitze vorheizen. Das Brot auf ein Backblech legen und in 3 bis 4 Minuten grillen, bis es trocken und leicht knusprig ist. Die Brotdreiecke auf einer Seite dick mit Garnelenpaste bestreichen. Mit Sesam bestreuen und fest andrücken. Für 30 Minuten in den Kühlschrank stellen.

BEI mittlerer Hitze das Öl im Wok oder einer tiefen Pfanne erhitzen. Ein Stückchen Brot hineinfallen lassen. Wenn es sofort zischt, ist das Öl heiß genug. Mehrere Brote zusammen mit der bestrichenen Seite nach unten in 3 Minuten goldbraun frittieren. Mit dem Schaumlöffel wenden. Mit der bestrichenen Seite nach oben auf Küchenpapier abtropfen lassen. Mit Relish servieren.

SESAMGARNELEN AUF TOAST

PAW PIA THAWT
FRÜHLINGSROLLEN

DIESE AROMATISCHEN ROLLEN SIND IN GANZ SÜDOSTASIEN BELIEBT. DIE THAI-VARIANTE IST EINE EDLE KOMBINATION AUS CHINESISCHEN UND VIETNAMESISCHEN ELEMENTEN. THAI-FRÜHLINGS-ROLLEN WERDEN KNUSPRIG FRITTIERT. SIE KÖNNEN MIT CHILI- ODER SOJASAUCE SERVIERT WERDEN.

- 50 g Vermicelli, Glas- oder Wun-Sen-Nudeln
- 15 g getrocknete Shiitake Pilze (eine halbe Hand voll)
- 2 EL Mehl
- 1 1/2 EL Pflanzenöl
- 3–4 Knoblauchzehen, fein gehackt
- 100 g gemahlenes Hühner- oder Schweinefleisch
- 1 kleine Möhre, fein gerieben
- 140 g Bohnensprossen
- 1 cm Ingwer, fein gerieben
- 1 1/2–2 EL Fischsauce
- 1 1/2 EL Austernsauce
- 1/4 TL gemahlener weißer Pfeffer
- 25 Frühlingsrollenblätter, 13 cm im Quadrat
- Erdnussöl zum Frittieren
- Chilisauce zum Servieren

25 KLEINE FRÜHLINGSROLLEN

DIE Nudeln für 1 bis 2 Minuten in heißes Wasser legen, bis sie gar sind. Abtropfen lassen und in Stücke schneiden. Die getrockneten Pilze 2 bis 3 Minuten in heißem Wasser einweichen. Abtropfen lassen und fein hacken. Das Mehl und 2 EL Wasser zu einer glatten Paste verrühren.

DAS Öl im Wok oder einer Pfanne erhitzen und den Knoblauch unter Rühren goldbraun braten. Das Fleisch hinzugeben und mit dem Löffel zerteilen, bis es in kleine Stücke zerfällt und gar ist. Nudeln, Pilze, Möhre, Sprossen, Ingwer, Fischsauce, Austernsauce und Pfeffer hinzugeben, 4 bis 5 Minuten weiter garen. Abschmecken. Abkühlen lassen.

AUF der Arbeitsfläche 3 Frühlingsrollenblätter auslegen und am Rand mit etwas Mehl bestäuben. Die restlichen Blätter in der Plastikhülle lassen. Auf jedes Blatt, etwa 2,5 cm vom Rand 2 TL Füllung geben. Den Rand aufnehmen und vom Körper weg einhalb mal um die Füllung rollen. Die Seiten nach innen umschlagen, sodass sie die Füllung umschließen. Dann fertig aufrollen und mit der Mehlpaste fest verschließen. Wiederholen, bis Teig und Füllung aufgebraucht sind. (In diesem Zustand können die Rollen eingefroren werden. Dazu jede Rolle in ein weiteres Frühlingsrollenblatt wickeln.)

BEI mittlerer Hitze im Wok oder in einer tiefen Pfanne 5 cm Öl erhitzen. Wenn das Öl heiß genug erscheint, ein Stück Teig hineinfallen lassen. Wenn es sofort zischt, ist das Öl soweit. Es darf nicht zu heiß sein. Fünf Rollen in das Öl geben und 2 bis 3 Minuten frittieren. Wenn sie fest werden, vier weitere Rollen hineingeben und alle zusammen frittieren. Die Oberseiten mit heißem Öl übergießen, damit sie ebenfalls frittieren. Die Rollen 6 bis 8 Minuten frittieren, bis sie knusprig sind. Die fertigen Frühlingsrollen einzeln herausnehmen und dafür neue hineingeben. Auf Küchenpapier abtropfen lassen. Mit einer Chilisauce servieren.

Die Frühlingsrollenblätter in der Plastikhülle lassen, damit sie nicht austrocknen, während die anderen verarbeitet werden.

THAILAND KULINARISCH ENTDECKEN

KAI HAW BAI TOEY
HÜHNERFLEISCH IN PANDANUSBLÄTTERN

PANDANUSBLÄTTER DIENEN BEI DIESEM GERICHT ALS HÜLLE UND ALS AROMAZUTAT. MIT EINEM LANGEN STIEL SIND DIE PÄCKCHEN DEKORATIVER UND LEICHTER ZU HANDHABEN. ZUM ESSEN VORSICHTIG AUSPACKEN UND DAS HUHN IN DIE SAUCE DIPPEN.

6 Korianderwurzeln, grob gehackt
4–5 Knoblauchzehen
1 TL gemahlener weißer Pfeffer
¼ TL Salz
600 g gehäutete Hühnerbrustfilets, in 25 Würfel geschnitten
2 EL Austernsauce
1 ½ EL Sesamöl
1 EL Mehl
25 Pandanusblätter, geputzt und abgetrocknet
Pflanzenöl zum Frittieren
Pflaumensauce (Seite 284) oder Chilisauce zum Servieren

FÜR 25 STÜCK

IM Mörser oder im Mixer Koriander, Knoblauch, Pfeffer und Salz zu einer Paste verarbeiten.

IN einer Schüssel die Paste mit Hühnerfleisch, Austernsauce, Sesamöl und Mehl mischen. Mit Plastikfolie abdecken und im Kühlschrank mindestens 3 Stunden oder über Nacht ziehen lassen.

EIN Pandanusblatt falten: Das untere Ende nach oben vor die Spitze falten, sodass sich eine Vertiefung bildet. Ein Stück Hühnerfleisch hineinlegen und das untere Ende des Blattes darumlegen, sodass ein Knoten entsteht und das Fleisch umschlossen ist. Wiederholen, bis die Fleischwürfel aufgebraucht sind.

BEI mittlerer Hitze das Öl im Wok oder einer tiefen Pfanne erhitzen.

WENN das Öl heiß genug erscheint, ein Stück Pandanusblatt hineinwerfen. Wenn es sofort zischt, ist das Öl soweit. Einige Päckchen hineingeben und 7 bis 10 Minuten frittieren, bis sie sich fest anfühlen. Mit dem Schaumlöffel herausnehmen und auf Küchenpapier abtropfen lassen. Die fertigen Päckchen warm halten, während der Rest frittiert wird. Zum Servieren auf eine Platte legen. Mit Pflaumen- oder einer Chilisauce servieren.

Pandanusblätter sind eine dekorative Verpackung für das Hühnerfleisch.

KUNG HOM PAR
GARNELEN IN TEIG

DIESE AUF CHINESISCHE ART ZUBEREITETEN GARNELEN SIND IDEAL ALS FINGERFOOD. BESONDERS ATTRAKTIV SEHEN GROSSE GARNELEN MIT SCHWÄNZEN AUS. SIE KÖNNEN AUCH ÜBER NACHT IM KÜHLSCHRANK MARINIERT WERDEN.

12 große rohe Garnelen, geputzt, mit Schwanz
1 EL Mehl
2 Knoblauchzehen, grob gehackt
3 Korianderwurzeln, fein gehackt
1 cm Ingwer, in dicke Scheiben geschnitten
1 ½ EL Austernsauce oder als schärfere Würze ½ TL rote Currypaste (Seite 276)
1 Prise gemahlener weißer Pfeffer
12 TK-Frühlingsrollenblätter oder Filoteigblätter, 12 cm im Quadrat, aufgetaut
Erdnussöl zum Frittieren
Chilisauce oder Pflaumensauce (Seite 284) zum Servieren

4 PORTIONEN

DIE Garnelen auf der Unterseite 3- bis 4-mal flach einschneiden, die Schnitte öffnen und die Garnelen geradebiegen, damit sie sich leichter verpacken lassen.

DAS Mehl in einem kleinen Topf mit 3 EL Wasser glatt rühren. Bei mittlerer Hitze unter Rühren 1 bis 2 Minuten kochen, bis die Masse eindickt. Vom Herd nehmen.

IM Mörser oder im Mixer Knoblauch, Koriander und Ingwer zu einer Paste verarbeiten.

IN einer Schüssel Knoblauchpaste, Garnelen, Austernsauce, Pfeffer und eine Prise Salz vermischen. Mit Plastikfolie abdecken und 2 Stunden im Kühlschrank ziehen lassen. Gelegentlich wenden.

EIN Teigblatt auf die Arbeitsfläche legen. Die anderen in der Plastikhülle lassen, damit sie nicht austrocknen. Das Blatt in der Mitte falten, eine Garnele aus der Marinade nehmen und so auf den Teig legen, dass der Schwanz an der Spitze herausschaut. Den unteren Rand des Blattes und dann die Seiten umfalten, sodass die Garnele fest umschlossen wird. Die Nähte mit der Mehlpaste verschließen. Weiterarbeiten, bis die Garnelen und Teigblätter aufgebraucht sind.

BEI mittlerer Hitze das Öl im Wok oder einer tiefen Pfanne erhitzen. Wenn das Öl heiß genug erscheint, ein Stück Teig hineinwerfen. Wenn es sofort zischt, ist das Öl soweit. Je vier Garnelen hineingeben und 3 bis 4 Minuten frittieren, bis sie goldbraun und knusprig sind. Mit dem Schaumlöffel herausnehmen und auf Küchenpapier abtropfen lassen. Die fertigen Garnelen warm halten, während der Rest frittiert wird.

ZUM Servieren auf eine Platte legen. Mit Pflaumen- oder Chilisauce servieren.

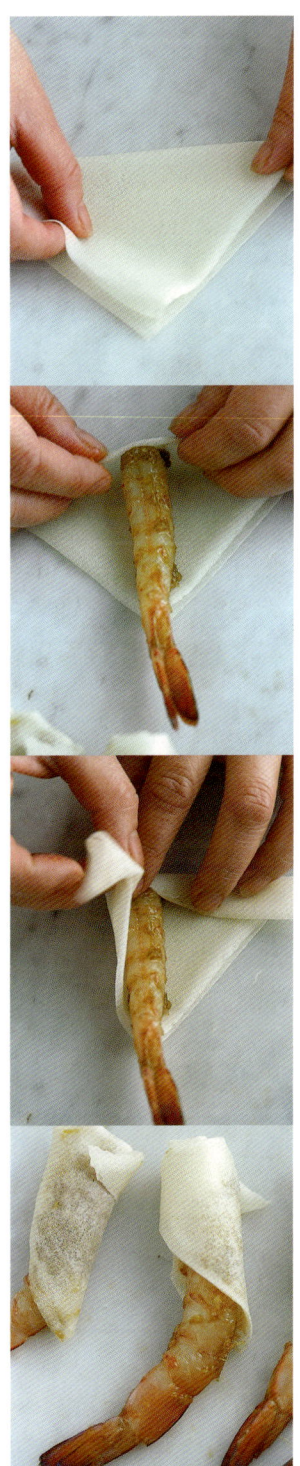

Große Garnelen eignen sich für diese Häppchen am besten. Mit den dekorativen Schwänzen lassen sie sich lgut aufnehmen.

THAILAND KULINARISCH ENTDECKEN

Würstchen – beliebter Snack.

SCHWEINSWÜRSTCHEN

KUNG PHAT BAI PHAK CHII LAE PHRIK
GARNELEN MIT KORIANDER UND CHILI

350 g rohe Garnelen
1 Knoblauchzehe, fein gehackt
1 TL Korianderblätter, fein gehackt
½–1 lange rote Chilischote, entkernt, fein gehackt
2 TL Limonensaft
2 TL Pflanzenöl
1 TL Sesamöl
1 ½ TL helle Sojasauce
1 EL Austernsauce
¼ TL gemahlener weißer Pfeffer
4 Bambusspieße

4 PORTIONEN

DIE Garnelen schälen, putzen und auf der Rückseite einschneiden (Unterseite und Schwänze geschlossen lassen).

KNOBLAUCH, Koriander, Chili, Limonensaft, beide Sorten Öl, Sojasauce, Austernsauce und den Pfeffer in einer flachen Schüssel gründlich verrühren. Die Garnelen hineingeben und nochmals rühren, sodass sie von der Marinade bedeckt sind. Mit Plastikfolie abgedeckt mindestens 30 Minuten, besser über Nacht, in den Kühlschrank stellen.

DIE Bambusspieße 1 Stunde in Wasser einweichen, damit sie beim Grillen nicht brennen. Die Garnelen auf die Spieße stecken.

DEN Grill auf hohe Temperaturen vorheizen. Bei Oberhitze die Schale mit Folie auslegen. Die Garnelen in genügendem Abstand von der Hitzequelle pro Seite 8 bis 10 Minuten grillen. Auf offenem Feuer werden sie schon nach 4 bis 5 Minuten gar. Die Spieße häufig wenden, bis die Garnelen rosa werden. Während des Grillens die Garnelen mit der Marinade bestreichen.

SAI UA
SCHWEINSWÜRSTCHEN

DIESE WÜRSTCHEN WERDEN MEIST IN EINE HAUT GPRESST. OHNE HAUT SIND SIE JEDOCH LEICHTER HERZUSTELLEN. IN THAILAND WERDEN MANCHE WÜRSTE VOR DEM GAREN NOCH FERMENTIERT, SIE SCHMECKEN FRISCH ABER GENAUSO GUT. MIT ROHEM GEMÜSE, Z. B. KOHLSPALTEN, SERVIEREN.

3 Korianderwurzeln
1 Stängel Zitronengras, nur das Weiße, gehackt
4 Knoblauchzehen, gehackt
¼ TL gemahlener weißer Pfeffer
1 kleine rote Chilischote, gehackt
2 TL Fischsauce
2 TL Zucker
300 g gehacktes Schweinefleisch

4 PORTIONEN

IM Mörser oder Mixer Koriander, Zitronengras, Knoblauch und Pfeffer zu einer feinen Paste verarbeiten.

CHILI, Fischsauce, Zucker und Schweinefleisch zu der Paste geben und gut verrühren. Zu Würstchen formen.

DEN Grill vorheizen und die Würstchen 4 bis 5 Minuten von jeder Seite grillen, bis sie gar sind.

THAILAND KULINARISCH ENTDECKEN

KHAI LUK KOEI
SCHWIEGERSOHN-EIER

DIESES FESTLICHE GERICHT WIRD TRADITIONELL ZU NEUJAHR ODER BEI HOCHZEITEN SERVIERT ODER BEI EINEM BESUCH IM TEMPEL FÜR DIE MÖNCHE MITGENOMMEN. DIE EIER EIGNEN SICH GUT ALS SNACKS. DURCH DAS FRITTIEREN ERHÄLT DIE HAUT EINE BESONDERE STRUKTUR.

2 getrocknete lange rote Chilischoten, etwa 13 cm lang
Pflanzenöl zum Frittieren
110 g Schalotten, in feine Ringe geschnitten
6 große, hart gekochte Eier ohne Schale
2 EL Fischsauce
3 EL Tamarindenmus
6 EL Palmzucker

4 PORTIONEN

DIE Chilis mit einer Schere oder einem Messer in 5 mm große Stücke schneiden und die Samen entfernen. Bei mittlerer Hitze im Wok oder einer tiefen Pfanne 5 cm Öl erhitzen. Wenn das Öl heiß genug erscheint, einen Ring hineinwerfen. Wenn es sofort zischt, ist das Öl soweit. Die Chilis wenige Sekunden frittieren, um das Aroma zu entfalten, ohne sie zu verbrennen. Mit dem Schaumlöffel herausnehmen und auf Küchenpapier abtropfen lassen.

IM selben Wok die Schalotten in 3 bis 4 Minuten goldbraun frittieren, ohne sie zu verbrennen. Mit dem Schaumlöffel herausnehmen und auf Küchenpapier abtropfen lassen. Mit einem Löffel je ein Ei in dasselbe heiße Öl geben, ohne dass es spritzt. In 10 bis 15 Minuten rundum goldbraun frittieren. Mit dem Schaumlöffel herausnehmen und auf Küchenpapier abtropfen lassen. Warmhalten.

BEI mittlerer Hitze in einem Topf Fischsauce, Tamarindenmus und Zucker 5 bis 7 Minuten verrühren, bis sich der Zucker aufgelöst hat.

DIE Eier der Länge nach halbieren und mit dem Eigelb nach oben auf eine Platte setzen. Mit der Tamarindensauce beträufeln und die frittierten Chilis und Schalotten darauf verteilen.

Sind die Eier goldbraun, sind sie gut. Vorsichtig mit dem Schaumlöffel herausnehmen und auf Küchenpapier abtropfen lassen.

MIANG KHAM
BETELBLÄTTER MIT HERZHAFTER FÜLLUNG

2 EL Erdnussöl
4 Schalotten, in feine Ringe geschnitten
2 Knoblauchzehen, mit dem Messer zerdrückt
150 g gehacktes Hühner- oder Schweinefleisch
2 EL Fischsauce
1 EL Tamarindenmus
1 EL getrocknete Garnelen, gehackt
2 EL Palmzucker
1 cm frischer Ingwer, gerieben
2 Vogelaugenchilis, fein gehackt
1 EL geröstete Erdnüsse, gehackt
1 EL gehackte Korianderblätter
16 Betelblätter
Limonenspalten zum Beträufeln

FÜR 16 STÜCK

DAS Öl im Wok erhitzen und Schalotten und Knoblauch 1 bis 2 Minuten bräunen. Das Fleisch hinzufügen und braten, bis es sich verfärbt. Eventuelle Klumpen mit der Rückseite eines Löffels zerdrücken. Fischsauce, Tamarindenmus, Garnelen und Palmzucker hinzufügen und alles zusammen garen, bis die Mischung braun und klebrig wird. Ingwer, Chilis, Erdnüsse und Korianderblätter hineinrühren.

DIE Betelblätter auf einer großen Platte auslegen und etwas von der Füllung darauf geben. Dazu Limonenspalten servieren, um die Mischung zu beträufeln.

GALOPPIERENDE PFERDE

MAR HOR
GALOPPIERENDE PFERDE

1 ½ EL Pflanzenöl
2–3 Knoblauchzehen, fein gehackt
225 g gehacktes Schweinefleisch
1 Frühlingszwiebel, fein gehackt
½ EL Korianderblätter, fein gehackt
25 g ungesalzene, geröstete Erdnüsse, grob gemahlen
2 EL helle Sojasauce
3 EL Palmzucker
1 Prise gemahlenen weißen Pfeffer
16 kleine Stücke Ananas oder Mandarinen- bzw. Orangenspalten
einige Korianderblätter zum Garnieren
1 rote Chilischote, sehr fein gehackt, zum Garnieren

4 PORTIONEN

DAS Öl in einer Pfanne oder dem Wok erhitzen und den Knoblauch unter Rühren goldbraun braten. Das Hackfleisch hinzugeben und bei mittlerer Hitze garen. Mit einem Löffel zerdrücken. Frühlingszwiebel, Koriander, Erdnüsse, Sojasauce, Zucker und Pfeffer hinzufügen. 4 bis 5 Minuten durchrühren, bis die Mischung trocken und klebrig ist.

DIE Mischung auf die Ananasstücke verteilen.

DIE Zitrusspalten erst auf der Rückseite einschneiden und auffalten. Dabei Kerne entfernen.

DIE geöffneten Spalten auf einer Platte auslegen und mit einem Teelöffel mit der Füllung belegen. Jedes Stück mit einem Korianderblatt und einem Chiliring garnieren.

HAWY THAWT
MUSCHELPFANNKUCHEN

2 kg Miesmuscheln
 (etwa 350 g Fleisch)

CHILISAUCE
1 lange rote Chilischote, ohne
 Samen, fein gehackt
2 ½ EL weißer Essig
½ EL Zucker

50 g Tapioka oder Mehl
40 g Maisstärke
1 EL Fischsauce
1 TL Zucker
6 Knoblauchzehen, fein gehackt
350 g Bohnensprossen
4 Frühlingszwiebeln, in Ringe
 geschnitten
8 EL Pflanzenöl
4 große Eier
einige Korianderblätter
1 lange rote Chilischote, ohne
 Samen, in feine Ringe geschnitten
1 Prise gemahlener weißer Pfeffer
4 Limonenspalten

4 PORTIONEN

DIE Muscheln bürsten und die Bärte entfernen. Alle offenen Muscheln, die sich nicht schließen, wenn sie auf die Arbeitsfläche getippt werden, wegwerfen. Den Backofen auf 180 °C vorheizen. Die Muscheln auf ein Backblech legen und 5 Minuten backen, bis sich die Schalen leicht öffnen. Alle ungeöffneten Muscheln wegwerfen. Die Schalen etwas abkühlen lassen, öffnen und das Fleisch herausnehmen. In einem Sieb abtropfen lassen.

FÜR die Chilisauce die Chilischote in einer kleinen Schüssel mit Essig, Zucker und einer Prise Salz verrühren.

MEHL, Stärke und 6 bis 8 EL Wasser mit einer Gabel oder einem Löffel zu einer glatten, klumpenfreien Paste verrühren. Fischsauce und Zucker hinzufügen. Auf vier Schüsseln verteilen und in jede Schüssel einige Muscheln füllen.

KNOBLAUCH, Bohnensprossen und Frühlingszwiebel in 4 gleiche Teile teilen.

NACHEINANDER die Pfannkuchen backen. In einer kleinen Pfanne 1 EL Öl erhitzen und darin einen Teil Knoblauch bei mittlerer Hitze unter Rühren goldbraun anbraten. Eine Portion Muschelteig umrühren und in die Pfanne geben. Die Pfanne schwenken, damit der Teig sich gleichmäßig verteilt. In 2 bis 3 Minuten die Unterseite braun backen. Wenden und die Oberseite bräunen. In der Mitte ein Loch aufreißen und ein Ei hineinschlagen. Mit je einer halben Portion Bohnensprossen und Frühlingszwiebeln bestreuen. Backen, bis das Ei fest wird, dann noch einmal wenden. Auf einen Teller stürzen.

DIE Pfannkuchen mit Korianderblättern, Chiliringen und Pfeffer bestreuen. Je eine Limonenspalte, die restlichen Bohnensprossen und Frühlingszwiebeln auf die Teller geben. Mit Chilisauce servieren.

Hier eignen sich kleine schwarze Muscheln besser als die großen, grünlippigen.

ข้าว-ไก่ น้ำ-แห้ง - 20.

สลัด ไก่-ไข่ - 20.
ปอเปี๊ยะสด
กุ้งชุบแป้งทอด 70.
หมูคำหวาน 40
ต้มยำ 50   ต้มจืด 40
มักโรนี 20.
น้ำส้มคั้น 10.

STRASSENSTÄNDE Fast jedes Gericht der Thai-Küche ist an dem einen oder anderen Stand zu haben – mit Ausnahme der königlichen Küche. Ganze Menüs, wie zwei oder drei Gerichte mit Reis *(oben links),* werden ebenso zu jeder Tages- und Nachtzeit angeboten wie einfache Snacks, etwa gegrillte Bananen *(unten links)*, Muschelpfannkuchen *(Mitte)* und Sateh *(rechts)*. Currys und ähnliche Gerichte werden

STRASSEN-STÄNDE

IN THAILAND WIRD ZU JEDER TAGESZEIT GEGESSEN UND SEHR GERN BEI EINEM STRASSENHÄNDLER. *ROT KHEN* (VERKAUFS-WAGEN) STEHEN SELBST IN DEN KLEINSTEN DÖRFERN AN DER STRASSE. TAGSÜBER STEHEN SIE OFT AM MARKT, ERST AM ABEND UND IN DER NACHT BLÜHEN SIE RICHTIG AUF.

WO FINDET MAN STRASSENHÄNDLER?

Verkaufsstände stehen praktisch überall: Ob am Rand von Märkten, an belebten Straßen, in Seitengassen oder in der Nähe von Bushaltestellen und Bahnhöfen. Es gibt einfache Karren, die die Händler abends mit nach Hause nehmen, oder dauerhaftere Gebilde. Stände mit gutem Ruf können sich über Jahre oder gar Generationen an einem Ort halten.

TYPISCHES THAI-ESSEN

Es gibt fünf Arten von Gerichten, die an den dazugehörigen Ständen erkennbar sind. Stände mit Schaukästen verkaufen Gerichte wie *Som tam* (Salat mit grüner Papaya), Nudel-gerichte und Suppen, gebratenes Schweine- und Hühnerfleisch oder chinesischen Reis mit Huhn. Stände mit vorgekocht, alles andere ist frisch zubereitet. Schweinebraten ist sehr beliebt (oben links), er wird mit zwei verschiedenen Dips angeboten. Maiskolben (oben rechts) sind relativ neu in der Thai-Küche. Mais gedeiht in Regionen, wo Reisanbau nicht möglich ist. Chinesische Suppen werden gern zu Mittag gegessen (unten links), verschiedene Insekten (unten rechts) sind im Norden Thailands sehr beliebt.

Holzkohlegrill verkaufen Satehs, gegrilltes Huhn oder Schwein, Thai-Würstchen, Tintenfisch und Bananen. Die Kuppeln von Dampftöpfen weisen auf geschmortes Schweinefleisch, chinesische Knödel, Kürbiscreme und Klebreis in Bananenblättern hin. Karren mit einer großen Heizplatte bieten Muscheln im Teigmantel, Omelettes, Pfannkuchen und gebratene Nudeln an. Woks bedeuten Frühlingsrollen, Wan-Tans, Fischkuchen und Teigspieße. Andere Stände bieten Gerichte wie Fischcurry in Bananenbechern, Speckschwartensuppe und die verschiedensten Puddings an. An Getränkekarren gibt es Obstsaft und Süßigkeiten auf zerstoßenem Eis. Andere verkaufen frisches Obst, Obstkonserven und Meeresfrüchte wie gekochte Venus- oder Herzmuscheln.

THAILAND KULINARISCH ENTDECKEN

PALMZUCKERPÄCKCHEN

PALMZUCKER-ERDNUSS-PÄCKCHEN Für diesen süßen, gedämpften Snack wird Erdnusspaste mit einer Mehl-Zucker-Paste umhüllt und in ein Bananenblatt gefüllt. Es braucht geschickte Hände, um die Bananenblätter zu ordentlichen Pyramiden zu falten, bevor sie in den großen Dämpftopf kommen. Der Händler stellt jeden Tag die gleiche Menge Päckchen her und hält seinen Stand offen, bis alle verkauft sind.

SOM TAM

SOM TAM *Som tam* ist eigentlich kein Salat. Es wird in einzelnen Portionen hergestellt und als Snack mit Klebreis serviert. Der Hauptbestandteil ist geraspelte grüne Papaya, dazu kommen Tomaten, Palmzucker, Erdnüsse, Chili und Limonensaft, Fischsauce, Garnelen, Knoblauch, Spargelbohnen und Kräuter. Die Kunden probieren das *Som tam* während der Zubereitung und schmecken es ab.

ROTI

BANANEN-ROTI wird auf einer flachen Heizplatte gebacken wird. Der Name bedeutet Brot, aber das Gericht erinnert eher an einen Pfannkuchen oder eine Pastete. Zuerst wird der dünne Teig auf der heißen Platte ausgebreitet, dann kommt die süße Füllung, z. B. Bananen und Kondensmilch, hinein und der Teig wird darüber gefaltet und gebacken: eine knusprige Hülle mit weicher, süßer Füllung.

THAILAND KULINARISCH ENTDECKEN

NUDELSUPPE Nudeln werden in Thailand allgemein als Snack verkauft. Dies sind *Khanom jiin*, Reisnudeln, nach Art des Nordostens mit Fenchel angerichtet.

GEGRILLTES HUHN Grillstände an der Straße sorgen für ständigen Nachschub an gegrilltem Huhn. Auf Anfrage werden die Hühnchen in Teile zerlegt.

GETROCKNETER TINTENFISCH Gegrillter Tintenfisch ist ein beliebter Abendsnack. Der Tintenfisch wird vor dem Grillen auf dem Kohlefeuer weich gewalzt.

THAI-WÜRSTCHEN Würzige Schweinswürstchen sind beliebt in Thailand, hergestellt aus Schwein, Reis und Gewürzen und werden vom Grill verkauft.

GEBRATENER FISCH Fisch wird in ganz Thailand gegessen, oft am Stück gebraten. Meist wird er auf Reis mit einer Chilisauce serviert.

THAI-OLIVEN werden mit einer Chili-Zucker-Würze in kleinen Plastikbeuteln verkauft. Kombinationen mit entgegengesetzten Aromen sind weit verbreitet.

GEGRILLTE BANANEN Die kleinen Zuckerbananen werden auf verschiedene Weise gegessen, oft gegrillt, bis sie außen braun und innen weich sind.

GEDÄMPFTER KLEBREIS Gedämpfter Klebreis in Bananenblättern wird oft mit Kokos, Taropüree oder fermentierten Sojabohnen aromatisiert.

KOKOSPUDDING Hierfür wird ein Teig mit süßer Kokosmilch, manchmal aromatisiert, in eine Form gefüllt und auf Holzkohle oder einer Gasflamme gebacken.

FRITTIERTER SCHWEINEBAUCH Große Stücke werden in Scheiben geschnitten und mit Chilisauce in kleinen Tüten verkauft, kleinere ganz frittiert.

CHINESISCHE SUPPE oder milde Suppe wird in Schüsseln gedämpft. Suppen werden meist zu größeren Mahlzeiten oder als Snack gegessen.

CHINESISCHE KLÖSSCHEN Ein luftiger Teig wird mit gehacktem Schweinefleisch oder Mungobohnen gefüllt, wie bei der chinesischen Spezialität Dim Sum.

SUPPEN

THAILAND KULINARISCH ENTDECKEN

KHAO TOM KUNG LAE KAI
REISSUPPE MIT GARNELEN UND HUHN

OBWOHL SIE VON DER CHINESISCHEN CONGEE ABGELEITET SIND, WERDEN THAI-REISSUPPEN EHER MIT GANZEN KÖRNERN GEKOCHT, WÄHREND DIE CHINESEN SCHROT BEVORZUGEN. REISSUPPEN WERDEN ABENDS ALS SNACK ODER ZUM FRÜHSTÜCK GEGESSEN. SIE SIND EINE SÄTTIGENDE MAHLZEIT.

Der köstliche Geschmack entsteht aus der Mischung von Garnelen, Huhn und Gemüse.

110 g rohe Garnelen
2 EL Pflanzenöl
3–4 große Knoblauchzehen, fein gehackt
1 Knoblauchzehe, grob gehackt
1 Korianderwurzel, fein gehackt
1 Prise weißer Pfeffer, plus Pfeffer zum Bestreuen
75 g gehacktes Hühner- oder Schweinefleisch
1 Frühlingszwiebel, fein gehackt
935 ml Hühner- oder Gemüsebrühe
2 EL helle Sojasauce
2 TL eingemachter Rettich
325 g gekochter Jasminreis
1 EL in dünne Scheiben geschnittener Ingwer
1 Blatt Chinakohl, grob gehackt
2 Frühlingszwiebeln, fein gehackt, zum Garnieren
einige Korianderblätter, zum Garnieren

4 PORTIONEN

DIE Garnelen schälen und putzen und am Rücken aufschneiden (Unterseite und Schwanz zusammenlassen, den Schwanz nicht entfernen).

DAS Öl in einem kleinen Wok oder einer Pfanne erhitzen und den Knoblauch unter Rühren hellgold braten. Vom Feuer nehmen und den Knoblauch entfernen.

IM Mörser oder einem kleinen Mixer die Korianderwurzel, den grob gehackten Knoblauch, Pfeffer und eine Prise Salz zu einer Paste verarbeiten. Diese Paste in einer Schüssel mit dem Hackfleisch und der Frühlingszwiebel mischen. Mit dem Löffel oder feuchten Händen die Masse zu etwa 1 cm dicken Kugeln formen.

DIE Brühe in einem Topf bis an den Siedepunkt erhitzen. Sojasauce, Rettich und Reis hineingeben. Die Fleischbällchen in die Brühe geben und bei mittlerer Hitze in 3 Minuten gar kochen. Garnelen, Ingwer und Chinakohl hinzufügen. Weitere 1 bis 2 Minuten kochen, bis die Garnelen sich öffnen und rosa werden. Abschmecken.

MIT Frühlingszwiebel und Korianderblättern garnieren. Mit gemahlenem weißem Pfeffer bestreuen, mit dem Knoblauchöl beträufeln.

In einem riesigen, geflochtenen Korb wird Reis gedroschen.

THAILAND KULINARISCH ENTDECKEN

KAENG JEUT PLAA MEUK SAI MUU
SUPPE MIT GEFÜLLTEM TINTENFISCH

KAENG JEUT IST EINE DER DREI WICHTIGSTEN SUPPENARTEN IN THAILAND. DER NAME BEDEUTET MILDE SUPPE. AUCH DIESES GERICHT ZEIGT CHINESISCHEN EINFLUSS. DIE SUPPE WIRD KAUM GEWÜRZT, DESHALB IST DIE QUALITÄT DER BRÜHE VON GRÖSSTER BEDEUTUNG.

280 g kleine Tintenfische
2 Korianderwurzeln, fein gehackt
3–4 große Knoblauchzehen, grob gehackt
280 g gehacktes Schweine- oder Hühnerfleisch
1/4 TL Salz
1/4 TL gemahlener weißer Pfeffer
2 l Gemüsebrühe
2,5 cm Ingwer, in feine Scheiben geschnitten
4 EL helle Sojasauce
1 EL eingelegter Rettich, in Scheiben geschnitten
5 Frühlingszwiebeln, schräg in Scheiben geschnitten, zum Garnieren
einige Korianderblätter zum Garnieren
gemahlener weißer Pfeffer zum Bestreuen

4 PORTIONEN

ZUM Putzen der Tintenfische den Körper in eine Hand nehmen und Kopf und Tentakel abreißen. Den Kopf direkt über den Augen von den Tentakeln trennen und wegwerfen. Den Körper ausnehmen. Die Haut abziehen und den Tintenfisch gut abspülen und abtropfen lassen.

IM Mörser Korianderwurzel und Knoblauch zu einer Paste verarbeiten. Diese in einer Schüssel mit dem Fleisch, Salz und Pfeffer mischen. Mit dieser Mischung die Tintenfischkörper zu zwei Dritteln füllen – nicht mehr, da sich die Füllung während des Kochens ausdehnt. Den Tintenfisch zudrücken. Mit einem Bambusstäbchen oder einem Zahnstocher den Tintenfisch verschließen. Auf einen Teller legen und weiterarbeiten, bis alle Tintenfische gefüllt sind. Mit einem Löffel oder feuchten Händen die restliche Füllung zu etwa 1 cm großen Bällchen rollen.

DIE Brühe in einem Topf aufkochen lassen. Die Hitze reduzieren, Ingwer, Sojasauce und Rettich hinzugeben. Die Fleischbällchen in die Brühe geben, dann die gefüllten Tintenfische. Bei schwacher Hitze in 4 bis 5 Minuten gar kochen. Die Brühe abschmecken.

MIT Frühlingszwiebeln und Korianderblättern garnieren. Mit weißem Pfeffer bestreuen.

Die Tintenfische nicht zu stark füllen, da die Füllung sich beim Kochen ausdehnt.

THAILAND KULINARISCH ENTDECKEN

TOM KHAA KAI
KOKOSSUPPE MIT HUHN UND GALGANT

DER NAME DIESER KLASSISCHEN THAILÄNDISCHEN SUPPE BEDEUTET ›GEKOCHTES GALGANT-HUHN‹. DENNOCH KANN DIE SUPPE AUCH MIT GARNELEN, FISCH ODER GEMÜSE ZUBEREITET WERDEN. WENN DIE KOKOSMILCH GERINNT, IST DAS KEIN GRUND ZUR BESORGNIS, SONDERN ERWÜNSCHT.

Suppengewürze werden oft in fertigen Bündeln verkauft.

Zutaten wie Fischsauce sollten sorgfältig abgemessen werden, da sie sehr kräftig schmecken.

750 ml Kokosmilch (Seite 279)
2 Stängel Zitronengras, nur das Weiße, in Quasten geschnitten oder zerdrückt
5 cm Galgant, in Stücke geschnitten
4 Schalotten, mit der Messerklinge zerdrückt
400 g Hühnerbrustfilet, enthäutet, in Scheiben geschnitten
2 EL Fischsauce
1 EL Palmzucker
200 g Kirschtomaten, größere in mundgerechte Stücke geschnitten
150 g Strohpilze oder Champignons
3 EL Limonensaft
6 Kaffirlimettenblätter, in Hälften gerissen
3–5 Vogelaugenchilis, ohne Stängel, zerdrückt, oder 2 lange rote Chilis ohne Samen, in feine Ringe geschnitten
einige Korianderblätter zum Garnieren

4 PORTIONEN

KOKOSMILCH mit Zitronengras, Galgant und Schalotten in einem Topf oder im Wok bei mittlerer Hitze zum Kochen bringen.

DAS Fleisch hinzufügen sowie Fischsauce und Zucker und 5 Minuten unter ständigem Rühren köcheln, bis das Huhn gar ist.

TOMATEN und Pilze hinzufügen und 2 bis 3 Minuten weiterköcheln. Wenige Sekunden vor Ende der Garzeit Limonensaft, Limettenblätter und Chilis hinzufügen. Die Tomaten sollen nicht zerfallen. Abschmecken. Diese Suppe sollte nicht übertrieben scharf sein, sondern süß, salzig und sauer schmecken. Mit Korianderblättern bestreut servieren.

TOM YAM KUNG
SCHARF-SAURE GARNELENSUPPE

DIESE SUPPE IST VERMUTLICH DAS BEKANNTESTE THAI-GERICHT ÜBERHAUPT. SIE WIRD MEIST MIT GARNELEN ZUBEREITET, SCHMECKT ABER AUCH SEHR GUT MIT FISCH. DAS BERÜHMTE, TYPISCHE AROMA LÄSST SICH NUR MIT GANZ FRISCHEN, HOCHWERTIGEN ZUTATEN ERREICHEN.

350 g rohe Garnelen
1 EL Öl
3 Stängel Zitronengras, nur das Weiße, zerdrückt
3 dünne Scheiben Galgant
2 l Hühnerbrühe oder Wasser
5–7 Vogelaugenchilis, ohne Stängel, zerdrückt
5 Kaffirlimettenblätter, in Stücke gerissen
2 EL Fischsauce
70 g Strohpilze oder geviertelte Champignons
2 Frühlingszwiebeln, in Ringe geschnitten
3 EL Limonensaft
einige Korianderblätter zum Garnieren

4 PORTIONEN

DIE Garnelen putzen, dabei die Schwänze nicht entfernen, die Köpfe und Schalen beiseite legen. Das Öl in einem großen Topf oder im Wok erhitzen und darin die Garnelenköpfe und -schalen 5 Minuten anbraten, bis die Schalen leuchtend orange werden.

DAZU einen Stängel Zitronengras, Galgant und Brühe oder Wasser geben. Aufkochen, die Hitze reduzieren und 20 Minuten ziehen lassen. Die Brühe durchseihen und wieder in den Topf füllen. Garnelenschalen und Gewürze wegwerfen.

DAS restliche Zitronengras in feine Scheiben schneiden und mit den Chilis, den Limettenblättern, der Fischsauce, den Pilzen und den Frühlingszwiebeln in die Brühe geben. 2 Minuten köcheln lassen.

DIE Garnelen hinzufügen und 3 Minuten weitergaren, bis die Garnelen fest und rosa sind. Vom Herd nehmen und den Limonensaft hinzugeben. Bei Bedarf mit Limonensaft oder Fischsauce abschmecken. Mit Korianderblättern garnieren.

THAILAND KULINARISCH ENTDECKEN

KAENG JEUT WUN SEN MUU SAP
GLASNUDELSUPPE MIT KLÖSSCHEN

DIESE LEICHTE, KLARE SUPPE AUS DEM NORDEN THAILANDS WIRD IM GEGENSATZ ZU ANDEREN NUDELGERICHTEN IMMER MIT REIS GEGESSEN. DIE WÄRMENDE SUPPE IST LEICHT ZUZUBEREITEN. DIE NUDELN SAUGEN DIE FLÜSSIGKEIT AUF, DAHER SOLLTE DIE SUPPE SOFORT SERVIERT WERDEN.

15 getrocknete Shiitake-Pilze
50 g Glasnudeln
2 EL Pflanzenöl
3–4 große Knoblauchzehen, fein gehackt
450 g grob gehacktes Schweinefleisch
20 Korianderblätter, fein gehackt
¼ TL Salz
¼ TL gemahlener weißer Pfeffer
625 ml Gemüse- oder Hühnerbrühe
2 EL helle Sojasauce
1 EL eingemachter Rettich
einige Korianderblätter zum Garnieren

4 PORTIONEN

DIE Pilze 5 Minuten in heißem Wasser einweichen. Abgießen und bei Bedarf in kleinere Stücke schneiden.

DIE Glasnudeln 5 bis 7 Minuten in heißem Wasser einweichen. Gut abtropfen lassen und in kleine Stücke schneiden.

DAS Öl in einem kleinen Wok oder einer Pfanne erhitzen, den Knoblauch unter Rühren hell golden anbraten. Von der Platte nehmen und den Knoblauch mit dem Schaumlöffel herausholen, abtropfen lassen.

IN einer Schüssel das Fleisch mit Koriander, Salz und Pfeffer mischen. Mit einem Löffel oder feuchten Händen aus der Mischung etwa 1 cm große Bällchen formen.

DIE Brühe in einem Topf zum Kochen bringen. Die Sojasauce und den Rettich hineingeben. Die Hackfleischbällchen hinzufügen und bei mittlerer Hitze 2 Minuten garen. Die Pilze und Nudeln hinzufügen und unter häufigem Rühren weitere 1 bis 2 Minuten kochen. Abschmecken. Mit gebratenem Knoblauch, Knoblauchöl und Korianderblättern garniert servieren.

Muskelkraft gegen Motoren in Chiang Mai.

TOM YAM TAO-HUU
AROMATISCHE TOFU-TOMATEN-SUPPE

TOFU ODER SOJAQUARK IST IN VERSCHIEDENEN VARIATIONEN ERHÄLTLICH, VON WEICH BIS ZIEMLICH FEST. DER BESONDERS WEICHE SEIDENTOFU HAT DIE BESTE KONSISTENZ FÜR DIESE SUPPE. DIE KRÄFTIGEN GEWÜRZE BILDEN EINEN PERFEKTEN KONTRAST.

PASTE
½ TL getrocknete Garnelenpaste
1 EL kleine getrocknete Garnelen
4 Schalotten, grob gehackt
½ TL weiße Pfefferkörner
2 Korianderwurzeln
1 Knoblauchzehe, gehackt
2 TL geriebenen Ingwer

1 EL Pflanzenöl
750 ml Hühnerbrühe oder Wasser
3 EL Tamarindenmus
1 EL Palmzucker
2 EL Fischsauce
3 cm Ingwer, in feine Streifen geschnitten
3 Schalotten, mit der Messerklinge zerdrückt
300 g Seidentofu, in 2 cm große Würfel geschnitten
2 Tomaten, in je 8 Spalten geschnitten
1 EL Limonensaft
2 EL Korianderblätter zum Garnieren

4 PORTIONEN

FÜR die Paste im Mörser oder Mixer Garnelenpaste, Garnelen, Schalotten, Pfefferkörner, Korianderwurzeln, Knoblauch und Ingwer pürieren.

BEI schwacher Hitze das Öl in einem Topf erhitzen, die Paste hinzufügen und unter ständigem Rühren 10 bis 15 Sekunden anbraten. Die Brühe oder das Wasser angießen, Tamarindenmus, Palmzucker, Fischsauce und Ingwer hinzufügen. 5 Minuten köcheln, bis der Ingwer gar ist.

SCHALOTTEN, Tofu, Tomaten und Limonensaft hinein geben und in 2 bis 3 Minuten durcherhitzen. Mit Korianderblättern garnieren.

THAILAND KULINARISCH ENTDECKEN

KAENG JEUT PHRAK KAI
GEMÜSESUPPE MIT GARNELEN UND HUHN

DIESE MILDE SUPPE SOLLTE ZU EINER MAHLZEIT MIT WEITEREN HAUPTGERICHTEN SERVIERT WERDEN. MILDE SUPPEN NEHMEN DEN CHILIGERICHTEN ETWAS VON IHRER SCHÄRFE. DAS HÜHNERFLEISCH KANN AUCH DURCH SCHWEINEFLEISCH ERSETZT WERDEN. EINE GUTE BRÜHE IST WICHTIG.

175 g rohe Garnelen
2 Korianderwurzeln, fein gehackt
2 Knoblauchzehen, grob gehackt
1 Prise gemahlener weißer Pfeffer, Pfeffer zum Bestreuen
150 g Hühnerhackfleisch
½ Frühlingszwiebel, fein gehackt
935 ml Hühner- oder Gemüsebrühe
2 EL helle Sojasauce
2 TL eingemachter Rettich
175 g Kürbis, in 2,5 cm große Würfel geschnitten
175 g Chinakohl, grob gehackt
einige Korianderblätter zum Garnieren

4 PORTIONEN

DIE Garnelen putzen und auf der Rückseite einschneiden, sodass die Unterseite und der Schwanz noch zusammen sind. Den Schwanz nicht entfernen.

IM Mörser oder einem Mixer Korianderwurzeln, Knoblauch, Pfeffer und eine Prise Salz zu einer Paste verarbeiten. Diese in einer Schüssel mit dem Fleisch und der Frühlingszwiebel mischen. Mit einem Löffel oder nassen Händen etwa 1 cm große Bällchen aus der Masse formen.

DIE Brühe in einem Topf bis zum Siedepunkt erhitzen. Sojasauce, Rettich und Fleischbällchen hineingeben und bei mittlerer Hitze in 1 bis 2 Minuten garen.

DEN Kürbis hinzufügen und weitere 2 bis 3 Minuten kochen. Die Garnelen und den Chinakohl hinzufügen und weitere 1 bis 2 Minuten kochen. Abschmecken. Mit Korianderblättern garnieren. Mit gemahlenem weißem Pfeffer bestreuen.

Die Zutaten im Mörser zu einer Paste verarbeiten, mit dem Hühnerfleisch mischen und Bällchen formen.

THAILAND KULINARISCH ENTDECKEN

KAENG SOM PLA KUP PHAK BUNG
SAURE FISCHSUPPE MIT WASSERSPINAT

DIESE SUPPE WIRD IN THAILAND GERN ZU HAUPTMAHLZEITEN GEGESSEN. DER FISCH KANN DURCH FLEISCH ERSETZT WERDEN. STATT WASSERSPINAT LÄSST SICH AUCH SPINAT VERWENDEN.

SAURE CURRYPASTE
3 Knoblauchzehen, grob gehackt
3 Vogelaugenchilis, ohne Stiele
1 Schalotte, gehackt
1 TL geriebener Galgant
1 TL geriebener Kurkuma (oder eine Prise getrockneter)
1 TL Garnelenpaste

175 g gehäutetes weißes Fischfilet
3 EL Tamarindenmus
175 g Wasserspinat, in Stücke geschnitten, Blätter getrennt
1 EL Fischsauce
1 EL Zucker

4 PORTIONEN

FÜR die saure Currypaste alle Zutaten im Mörser oder Mixer glatt pürieren.

MIT einer Pinzette alle verbliebenen Gräten aus dem Fisch entfernen, dann das Filet in 5 cm große Stücke schneiden.

IN einem Topf 625 ml Wasser zum Kochen bringen. Die Currypaste hineinrühren und auf mittlere Hitze zurückschalten. Tamarinde, Wasserspinatstiele, Fischsauce und Zucker hinzufügen und 2 bis 3 Minuten kochen. Den Fisch hinzugeben und weitere 1 bis 2 Minuten kochen. Die Wasserspinatblätter hinzugeben und vorsichtig mischen. Abschmecken. In eine Schüssel füllen und heiß mit Reis servieren.

KHAO TOM PLAA
REISSUPPE MIT FISCHFILET

2 EL Pflanzenöl
3–4 große Knoblauchzehen, fein gehackt
1,25 l Gemüse-, Hühner- oder Fischbrühe
2 ½ EL helle Sojasauce
2 TL eingemachter Rettich
245 g gekochter Jasminreis
280 g gehäutetes weißes Fischfilet, in kleine Stücke geschnitten
1 EL Ingwer, in feine Scheiben geschnitten
3 Frühlingszwiebeln, fein gehackt, zum Garnieren
einige Korianderblätter, zum Garnieren
weißer Pfeffer, zum Bestreuen

4 PORTIONEN

DAS Öl in einem kleinen Wok oder einer Pfanne erhitzen und den Knoblauch unter Rühren goldbraun braten. Vom Herd nehmen, den Knoblauch wegwerfen.

DIE Brühe in einem Topf zum Kochen bringen. Sojasauce, Rettich und Reis hinzufügen und bei mittlerer Hitze 2 bis 3 Minuten kochen. Fisch und Ingwer hinzugeben und weitere 1 bis 2 Minuten kochen, bis der Fisch gar ist. Kräftig würzen und abschmecken.

MIT Frühlingszwiebel und Korianderblättern garnieren, mit Pfeffer bestreuen und mit Knoblauchöl beträufeln.

REISSUPPE MIT FISCHFILET

SAURE FISCHSUPPE MIT WASSERSPINAT

THAILAND KULINARISCH ENTDECKEN

TOM YAM THELAH
SCHARF-SAURE SUPPE MIT MEERESFRÜCHTEN

DIE MEERESFRÜCHTE KÖNNEN NACH GESCHMACK KOMBINIERT WERDEN, MÜSSEN ABER ABSOLUT FRISCH SEIN, DAMIT DIE SUPPE WIRKLICH KÖSTLICH SCHMECKT. DURCH DIE CURRYPASTE WIRD DIE BRÜHE WENIGER KLAR ALS MIT GETROCKNETEN CHILIS, SIE SCHMECKT ABER BESSER.

600 g gemischte frische Meeresfrüchte wie Garnelen, Tintenfisch, Miesmuscheln, weißes Fischfilet und Kammmuscheln
1 l Gemüsebrühe
3 x 4 cm Zitronengras, nur das Weiße, zu Quasten geschnitten oder zerdrückt
6 Korianderwurzeln, zerdrückt
2–2 1/2 EL Fischsauce
1 1/2–2 EL Chiang-Mai-Currypaste (Seite 272), nach Geschmack, oder 2 getrocknete rote Chilis, eingeweicht, abgetropft und fein gehackt
2–3 Vogelaugenchilis, zerdrückt
2 Schalotten, mit der Messerklinge zerdrückt
110 g Strohpilze oder gemischte Pilze, kleine Pilze ganz, große geviertelt
150 g Babytomaten (etwa 12, größere halbiert) oder mittelgroße Tomaten, in je 6 Stücke geschnitten
8 Limettenblätter, zerrissen
3 EL Limonensaft

4 PORTIONEN

DIE Garnelen schälen und putzen, entlang der Rückseite aufschneiden (Vorderseite und Schwanz zusammenlassen).

DIE Tintenfischkörper enthäuten, das Innere ausspülen und in 5 mm breite Ringe schneiden. Sehr große Tintenfischkörper halbieren und die Innenseite diagonal einritzen, sodass ein Karomuster entsteht. Die Körper in 2 cm große Quadrate schneiden. Dunkle Adern aus den Kammmuscheln entfernen.

DIE Miesmuscheln abbürsten und die Bärte entfernen. Alle offenen Muscheln und die, die sich nicht schließen, wenn sie auf die Arbeitsfläche gestoßen werden, entfernen. Den Fisch in 2 cm große Würfel schneiden.

ZITRONENGRAS, Korianderwurzeln, Fischsauce, Currypaste, Chilis und Brühe in einem großen Topf zum Kochen bringen.

AUF mittlere Hitze reduzieren, die Meeresfrüchte hinzugeben und 2 bis 3 Minuten kochen. Schalotten, Pilze, Tomaten und Limettenblätter hinzufügen und weitere 2 bis 3 Minuten kochen; die Tomaten dürfen dabei nicht zerfallen. Gekochte Miesmuscheln nach den Tomaten hinzugeben. Abschmecken und Limonensaft hinzufügen. In eine Servierschüssel füllen.

Zitronengras, Korianderwurzeln, Fischsauce, Currypaste, Chilis und Brühe in den Topf geben.

KAENG JEUT TAO-HUU SAI KUNG
SUPPE MIT GEFÜLLTEM TOFU UND GARNELEN

DIESES REZEPT IST ETWAS AUFWÄNDIG, LOHNT ABER DIE MÜHE. DEN TOFU NICHT ZU STARK FÜLLEN, DA ER SONST BEIM KOCHEN EXPLODIERT. WIE FÜR ANDERE »MILDE« SUPPEN EINE GUTE BRÜHE VERWENDEN. DER GEFÜLLTE TOFU KANN AUCH GEBRATEN UND SEPARAT SERVIERT WERDEN.

275 g Garnelen
2 Korianderwurzeln, grob gehackt
2 Knoblauchzehen, grob gehackt
¼ TL Salz
1 EL Maismehl
¼ TL gemahlener weißer Pfeffer
320 g fester Tofu
1,5 l Gemüsebrühe
2,5 cm Ingwer, in Scheiben geschnitten
4 EL helle Sojasauce
1 TL eingemachter Rettich
5 Frühlingszwiebeln, in Rauten geschnitten, zum Garnieren

4 PORTIONEN

DIE Garnelen schälen und putzen. Etwa 80 g beiseite legen, die anderen entlang der Rückseite aufschneiden (Vorderseite und Schwanz zusammenlassen).

IM Mixer Koriander mit Knoblauch glatt pürieren. Die nicht aufgeschnittenen Garnelen mit Salz, Maismehl und weißem Pfeffer hinzufügen und so glatt wie möglich pürieren. Nach Wunsch können die Korianderwurzeln mit dem Knoblauch vorher im Mörser zerstoßen werden, bevor sie mit den Garnelen püriert werden. Das ergibt einen etwas besseren Geschmack.

DEN Tofu abtropfen lassen und in 16 Dreiecke schneiden. Die Dreiecke an der langen Seite mit dem Messer aufschneiden. Etwas Garnelenmasse in die Öffnung geben und vorsichtig zudrücken. Wiederholen, bis Tofu und Füllung aufgebraucht sind.

DIE Brühe in einem Topf zum Kochen bringen. Auf schwache Hitze reduzieren, Ingwer, Sojasauce und Rettich hinzufügen. Die Tofutaschen in die Brühe geben und in 4 bis 5 Minuten garen. Die aufgeschnittenen Garnelen hinzugeben und weitere 1 bis 2 Minuten kochen, bis die Garnelen sich öffnen und rosa werden. Abschmecken. Mit Frühlingszwiebeln garniert servieren.

Etwas Garnelenmischung in die Tofutaschen geben und diese vorsichtig in die Brühe legen.

Ein Geisterhaus in Damnoen Saduak.

SALATE

THAILAND KULINARISCH ENTDECKEN

YAM SOM OH
POMELO-GARNELEN-SALAT

DIESER NORDTHAILÄNDISCHE SALAT ERHÄLT SEINEN SÜSS-SCHARFEN GESCHMACK VON DER POMELO, EINER ZITRUSFRUCHT ÄHNLICH DER PAMPELMUSE. IN THAILAND GIBT ES POMELOSORTEN MIT ROSA UND SOLCHE MIT GELBEM FRUCHTFLEISCH. DER SALAT WIRD MIT KLEBREIS SERVIERT.

1 große Pomelo (oder Pampelmuse)
1 EL Fischsauce
1 EL Limonensaft
1 EL Zucker
1 EL Chiligelee (Seite 283)
300 g rohe, mittelgroße Garnelen, geschält, ohne Darm, mit Schwänzen
3 EL gehackte frische Kokosnuss, golden angeröstet (falls nicht erhältlich, getrocknete Kokosraspeln verwenden)
3 Schalotten, in dünne Ringe geschnitten
5 Vogelaugenchilis, zerdrückt
20 g Minzeblätter
10 g Korianderblätter
1 EL getrocknete Schalotten

4 PORTIONEN

ZUM Schälen der Pomelo am oberen Ende ein kreisförmiges, etwa 2 cm dickes (entsprechend der Schalendicke) Stück abschneiden. Die Haut mit vier tiefen Einschnitten von oben nach unten in vier Segmente teilen. Die Segmente einzeln abziehen. Die restliche weiße Haut entfernen und die Frucht in Spalten teilen. Die Spalten enthäuten, entkernen und in Stücke zerlegen, aber weder zerdrücken noch Saft freisetzen.

FÜR das Dressing die Fischsauce mit Limonensaft, Zucker und Chiligelee in einer kleinen Schüssel verrühren.

IN einem großen Topf Wasser aufkochen. Die Garnelen hinzugeben und 2 Minuten kochen. Abgießen und abkühlen lassen.

IN einer großen Schüssel die Pomelo vorsichtig mit Garnelen, Kokosnuss, Schalotten, Chilis, Minze und Koriander mischen. Vor dem Servieren das Dressing über den Salat geben und alles vorsichtig vermischen. Mit den gebratenen Schalotten bestreuen.

Von der Pomelo das obere Ende abschneiden, bevor die Frucht in Spalten zerlegt wird.

Pomelos schälen in Pattaya

THAILAND KULINARISCH ENTDECKEN

YAM PLAA
KNUSPRIGER FISCHSALAT

DER FISCH (TRADITIONELL EIN WELS) VERWANDELT SICH MIT DIESEM REZEPT IN KNUSPRIGE FLOCKEN UND WIRD MIT EINEM SÜSS-SCHARF-SAUREN DRESSING GEWÜRZT. STATT WEISSEM FISCHFILET KANN AUCH ROSA LACHS VERWENDET WERDEN.

1 Stängel Zitronengras, nur das Weiße, grob gehackt
4 Vogelaugenchilis, ohne Stiele
1 Knoblauchzehe, gehackt
1 EL Fischsauce
2 EL Limonensaft
2 TL Palmzucker
¼ TL gemahlener Kurkuma

300 g gehäutetes, festes weißes Fischfilet
1 EL Meersalz
Erdnussöl zum Frittieren
3 Tomaten oder große Kirschtomaten, in je 4 oder 6 Spalten geschnitten
2 Schalotten, in dünne Ringe geschnitten
1 kleine rote Zwiebel, in dünne Spalten geschnitten
15 g Korianderblätter
18–24 Minzeblätter
2 EL geröstete Erdnüsse, grob gehackt

4 PORTIONEN

FÜR das Dressing Zitronengras, Chili und Knoblauch im Mörser oder Mixer zu einer Paste verarbeiten. In einer Schüssel mit Fischsauce, Limonensaft, Zucker und Kurkuma vermischen. Den Zucker unter Rühren auflösen.

DEN Backofen auf 180 °C vorheizen. Das Fischfilet trocknen und im Meersalz wenden. Auf einen Rost im Backblech legen und 20 Minuten backen. Abkühlen lassen und mit der Küchenmaschine zerhacken, bis der Fisch an große Brotkrumen erinnert.

EINEN Wok zur Hälfte mit Öl füllen und bei sehr starker Hitze erhitzen. Ein Stück Fisch in das Öl fallen lassen. Wenn es sofort zischt, ist das Öl heiß genug. Eine große Kelle voll Fisch in das heiße Öl geben. Der Fisch wird luftig und knusprig. 30 Sekunden frittieren und vorsichtig umrühren. In weiteren 30 Sekunden goldbraun braten. Mit einem Schaumlöffel herausnehmen und auf Küchenpapier abtropfen lassen. Auf diese Weise den restlichen Fisch frittieren.

TOMATEN, Schalotten, Zwiebel, Koriander, Minze und Erdnüsse in eine Schüssel mit der Hälfte des Dressings geben. Den Salat auf einer Platte anrichten. Den Fisch eventuell weiter zerteilen und auf den Salat legen. Damit der Fisch knusprig bleibt, das restliche Dressing erst direkt vor dem Servieren angießen.

Dieser köstliche Salat lebt von seinen lebhaften Kontrasten in Geschmack und Farbe.

THAILAND KULINARISCH ENTDECKEN

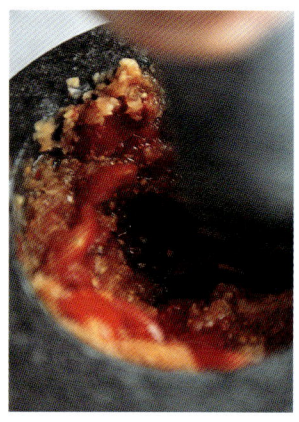

Die Zutaten für die Chilipaste je nach Vorliebe im Mörser oder Mixer pürieren.

YAM KAI
HÜHNERSALAT MIT PAPAYA

DAS IST EINER DER IN THAILAND BELIEBTEN SCHARFEN SALATE UND ENTHÄLT KOKOSREIS, DER ABER AUCH GETRENNT SERVIERT WERDEN KANN. DIE PAPAYA MUSS GRÜN SEIN, AUF KEINEN FALL REIF, SONST SCHMECKT DER SALAT NICHT.

250 ml dicke Kokosmilch (Seite 279)
200 g gehäutetes Hühnerbrustfilet
200 g Jasminreis
350 ml dünne Kokosmilch (Seite 279)
2 Knoblauchzehen, gehackt
3 Schalotten, gehackt
3 kleine rote Chilis
1 EL kleine getrocknete Garnelen
2 EL Fischsauce
8 Kirschtomaten, halbiert
150 g grüne Papaya, gerieben
2 EL Limonensaft
30 g Minzeblätter, grob gehackt
20 g Korianderblätter, grob gehackt

4 PORTIONEN

DIE dicke Kokosmilch in einem kleinen Topf aufkochen. Die Hühnerbrust hineingeben und 5 Minuten bei schwacher Hitze köcheln. Die Platte ausschalten und den Topf 20 Minuten zugedeckt stehen lassen. Das Fleisch herausnehmen und durch den Fleischwolf drehen.

DEN Reis unter fließendem kaltem Wasser waschen, bis das Wasser klar abläuft. Reis und dünne Kokosmilch in einem kleinen Topf zum Kochen bringen. Die Hitze reduzieren, den Topf dicht verschließen und 20 Minuten köcheln lassen. Vom Herd nehmen und bis zum Servieren zugedeckt stehen lassen.

IM Mörser oder Mixer Knoblauch, Schalotten und Chili pürieren. Garnelen und Fischsauce hinzufügen, die getrockneten Garnelen zerstoßen. Die Tomaten hinzufügen und alles zu einer groben Paste mixen.

IN einer Schüssel Hühnerfleisch mit Chilipaste, Papaya, Limonensaft, Minze und Koriander mischen. Mit dem heißen Kokosreis servieren.

YAM HUA PLII
HÜHNERSALAT MIT BANANENBLÜTE

BANANENBLÜTEN SEHEN WIE ÜBERGROSSE VIOLETTE KNOSPEN AUS. DER GRÖSSTE TEIL WIRD NICHT VERWENDET, NUR DAS LEICHT BITTERE HERZ WIRD GEGESSEN. DIE BLÜTE VERFÄRBT SICH IN WENIGEN SEKUNDEN UND MUSS DAHER SCHNELL VERARBEITET WERDEN.

3 EL Limonensaft
1 große Bananenblüte
250 ml dicke Kokosmilch (Seite 279)
200 g gehäutetes Hühnerbrustfilet
1 EL Chiligelee (Seite 283)
1 EL Fischsauce
1 EL Palmzucker
2 TL Limonensaft
12 Kirschtomaten, halbiert
20 g Minzeblätter
10 g Korianderblätter
1 Limettenblatt, fein gehackt, zum Garnieren

4 PORTIONEN

DEN Limonensaft in eine große Schüssel kaltes Wasser füllen. Mit einem Edelstahlmesser die äußeren Blätter der Bananenblüte entfernen, bis das cremefarbene Herz zu sehen ist. Das Herz vierteln, die harten Kerne und Staubblätter entfernen. Das fleischige Herz schräg in dünne Scheiben schneiden, diese in das Limonenwasser legen.

VON der dicken Kokosmilch 2 EL beiseite stellen, den Rest in einem kleinen Topf aufkochen. Die Hühnerbrust hineingeben, nochmals aufkochen und 5 Minuten bei schwacher Hitze köcheln lassen. Vom Herd nehmen und den Topf 20 Minuten dicht verschlossen stehen lassen. Das Fleisch herausnehmen und die Kokosmilch weggießen. Das Fleisch abgekühlt in mundgerechte Stücke hacken.

IN einer kleinen Schüssel die restliche Kokosmilch mit Fischsauce, Limonensaft, Palmzucker und Chiligelee in verrühren.

VOR dem Servieren die Bananenblüte abgießen und mit dem Huhn, den Tomatenhälften, der Minze und dem Koriander in eine große Schüssel gießen. Das Dressing über den Salat geben und alles vorsichtig mischen. Mit dem Limettenblatt garnieren.

Die äußeren Blätter der Bananenblüte entfernen, bis das helle Zentrum sichtbar wird.

THAILAND KULINARISCH ENTDECKEN

YAM PUU MAMUANG
KREBSSALAT MIT GRÜNER MANGO

2 EL Fischsauce
2 EL Limonensaft
2 TL Palmzucker
2 grüne Vogelaugenchilis, gehackt
2 rote Vogelaugenchilis, gehackt
1 TL gemahlene getrocknete Garnelen
300 g frisches Krebsfleisch
30 g gehackte Minzeblätter
20 g gehackte Korianderblätter
4 Schalotten, in dünne Ringe geschnitten
1 grüne Mango, fein gehackt
1 Tomate, halbiert und in dünne Scheiben geschnitten
1 große grüne Chili, schräg in dünne Ringe geschnitten

4 PORTIONEN

FÜR das Dressing die Fischsauce mit Limonensaft, Palmzucker, Vogelaugenchili und getrockneten Garnelen in einer kleinen Schüssel verrühren.

VOR dem Servieren das Krebsfleisch mit Tomate, Minze, Koriander, Schalotten und Mango in einer großen Schüssel vorsichtig vermischen.

DAS Dressing über den Salat gießen, gut unterheben und mit den Chiliringen garniert servieren.

YAM PLAA YAANG
SCHARF-SAURER SALAT MIT GEGRILLTEM FISCH

2 Makrelen oder Weißfische (je ca. 400 g), geputzt, oder festes weißes Fischfilet
2 Stängel Zitronengras, nur das Weiße, in dünnen Ringen
2 Schalotten, in dünnen Ringen
1 Frühlingszwiebel, in dünnen Ringen
2,5 cm Ingwer, in dünne Scheiben geschnitten
5 Limettenblätter, in dünne Scheiben geschnitten
20 g Minzeblätter
5 EL Limonensaft
1 EL Fischsauce
4–5 Vogelaugenchilis, in dünnen Ringen
einige Salatblätter
1 lange rote Chili, entkernt, in dünnen Ringen

4 PORTIONEN

DEN Grill auf mittlere Hitze vorheizen. Beim Elektrogrill die Saftschale mit Folie auslegen. Den Fisch etwa 20 Minuten pro Seite grillen, bis er gar und leicht gebräunt ist. Es gibt spezielle fischförmige Roste, die sich wie eine Zange öffnen, sodass das Drehen der Fische auf dem Grill leichter fällt.

MIT der Hand Fischköpfe, Rückgrat und alle Gräten entfernen. Den Fisch mit Haut in mundgerechte Stücke teilen und in eine Schüssel geben.

ZITRONENGRAS, Schalotten, Frühlingszwiebel, Ingwer, Limettenblatt, Minze, Limonensaft, Fischsauce und Chili zum Fisch geben. Gut mischen und abschmecken.

EINE Platte mit Salatblättern auslegen und den Salat darauf verteilen. Mit Chiliringen garnieren.

SCHARF-SAURER SALAT MIT GEGRILLTEM FISCH

LAAP PET
WÜRZIGE GEHACKTE ENTE

LAAP BEDEUTET GLÜCK. DIESE VERSION MIT ENTE IST EINE SPEZIALITÄT AUS DER GEGEND VON UBON RACHATHANI; MAN KANN ABER AUCH HÜHNERFLEISCH VERWENDEN. LAAP WIRD MIT ROHEM GEMÜSE WIE SPARGELBOHNEN, KOHL UND KNACKIGEM KOPFSALAT SERVIERT.

Den gerösteten Reis im Mörser zu Pulver zerstoßen oder im Mixer pürieren.

1 EL Jasminreis
280 g gehacktes Entenfleisch
3 EL Limonensaft
1 EL Fischsauce
2 Stängel Zitronengras, nur das Weiße, in Ringe geschnitten
50 g Schalotten, in dünne Ringe geschnitten
5 Kaffirlimettenblätter, in dünne Scheiben geschnitten
5 Frühlingszwiebeln, fein gehackt
$1/4 - 1/2$ TL geröstetes Chilipulver, nach Geschmack
einige Salatblätter
einige Minzeblätter, zum Garnieren
Gemüse wie Spargelbohnen, in Stücken, Gurkenscheiben, dünne Kohlspalten, halbe Babytomaten, zum Servieren

DEN Reis bei mittlerer Hitze in einer trockenen Pfanne rösten. Die Pfanne ständig schütteln, bis der Reis nach 6 bis 8 Minuten braun ist. Im Mörser oder Mixer den Reis fast zu Pulver verarbeiten.

IN einem Topf oder Wok die Ente mit Limonensaft und Fischsauce bei starker Hitze kochen. Das Fleisch rühren, bis es in kleine Bröckchen zerfällt. Garen, bis es hell braun wird. Trocknen und vom Herd nehmen.

REISPULVER, Zitronengras, Schalotten, Limettenblätter, Frühlingszwiebeln und Chilipulver zur Ente geben und verrühren. Abschmecken.

EINE Platte mit Salatblättern auslegen. Die Ente darauf verteilen und mit der Minze garnieren. Das Gemüse auf einer zweiten Platte anrichten.

THAILAND KULINARISCH ENTDECKEN

YAM WUN SEN THALEH
GLASNUDELN MIT MEERESFRÜCHTEN

DAS IST EIN MILDER KLASSISCHER SALAT. OFT WIRD ER NUR MIT GARNELEN ZUBEREITET, HIER MIT VERSCHIEDENEN MEERESFRÜCHTEN. DAS DRESSING WIRD SCHNELL AUFGENOMMEN, DAHER SOLLTE DER SALAT NICHT ZU LANGE VORHER ZUBEREITET WERDEN.

110 g Glasnudeln
175 g rohe, mittelgroße Garnelen, Tintenfischkörper und Kammmuscheln
8 Miesmuscheln
15 g getrocknete Shiitake-Pilze (eine halbe Hand voll)
1 ½ EL Pflanzenöl
4–5 Knoblauchzehen, fein gehackt
3 EL Limonensaft
1 EL Fischsauce
2 Stängel Zitronengras, nur das Weiße, in feine Scheiben geschnitten
3 Schalotte, in dünne Ringe geschnitten
¼ – ½ TL Chilipulver oder 2–3 Vogelaugenchilis, in dünne Ringe geschnitten
3 Frühlingszwiebeln, fein gehackt
einige Salatblätter
1 lange rote Chili, entkernt, in dünne Ringe geschnitten

4 PORTIONEN

DIE Glasnudeln 1 bis 2 Minuten in kochendem Wasser einweichen, abgießen und grob hacken.

DIE Garnelen schälen und putzen, entlang der Rückseite aufschneiden (Vorderseite und Schwanz zusammenlassen).

DIE Tintenfischkörper enthäuten, das Innere ausspülen und in 5 mm breite Ringe schneiden. Dunkle Adern aus den Kammmuscheln entfernen.

DIE Miesmuscheln abbürsten und die Bärte entfernen. Alle offenen Muscheln und die, die sich nicht schließen, wenn sie auf die Arbeitsfläche gestoßen werden, wegwerfen.

DIE Pilze 2 bis 3 Minuten in kochendem Wasser einweichen, abgießen und grob hacken.

DAS Öl in einem kleinen Wok oder einer Pfanne erhitzen, den Knoblauch unter Rühren goldbraun braten und dann in eine kleine Schüssel füllen.

IN einem Topf oder Wok Garnelen, Tintenfisch und Miesmuscheln bei mittlerer Hitze mit Limonensaft und Fischsauce 1 bis 2 Minuten kochen, bis die Garnelen sich öffnen und rosa werden. Die Kammmuscheln hinzugeben und 1 Minute kochen. Alle geschlossenen Miesmuscheln wegwerfen. Glasnudeln und Pilze hinzugeben und weitere 1 bis 2 Minuten kochen, bis die Nudeln gar sind. Vom Herd nehmen.

ZITRONENGRAS, Schalotten, Chilipulver oder Chilis und Frühlingszwiebeln hinzufügen und gut mischen. Abschmecken.

EINE Platte mit Salatblättern auslegen und die Meeresfrüchte darauf verteilen. Mit Chiliringen und geröstetem Knoblauch garnieren.

Glasnudeln und Pilze zu den Meeresfrüchten geben, dann erst die Gewürze.

Muscheln ausladen in Pattaya.

THAILAND KULINARISCH ENTDECKEN

YAM NEUA YANG NAHM TOKE
STEAKSTREIFEN IN SCHARF-SAURER SAUCE

YAM NEUA YANG NAHM TOKE HEISST WÖRTLICH »RINDFLEISCH AUF GLÜHENDEN KOHLEN GRILLEN, BIS DER SAFT HERAUSTROPFT«. DIESER SALAT AUS NORDTHAILAND WIRD MIT KLEBREIS SERVIERT; DAZU PASST BIER, MEKHONG-WHISKY ODER WEIN, ZUM SALAT ROHES GEMÜSE WIE Z. B. CHINAKOHL.

Den Grill vorheizen, dann das Fleisch auflegen.

350 g mageres Lenden-, Rump- oder Filetsteak
2 EL Fischsauce
4 EL Limonensaft
1 EL Zucker
¼ TL geröstetes Chilipulver
3–4 Schalotten, in dünne Ringe geschnitten
einige Salatblätter, zum Servieren
20 g grob gehackte Korianderblätter, zum Garnieren
15 g grob gehackte Minze zum Garnieren

4 PORTIONEN

DEN Grill auf mittlere Hitze vorheizen. Beim Elektrogrill die Saftschale mit Folie auslegen. Das Rindfleisch auf den Grill legen und beide Seiten mit Salz und Pfeffer bestreuen. Pro Seite 5 bis 7 Minuten grillen, gelegentlich wenden. Das Fett sollte abtropfen und das Fleisch so langsam garen, dass es saftig bleibt und nicht verbrennt. Mit einem scharfen Messer das Steak quer zur Faser in Streifen schneiden.

IN einer Schüssel Fischsauce, Limonensaft, Zucker und Chilipulver mischen. Die Schalotten und Rindfleischstreifen hinzufügen. Abschmecken.

EINE Platte mit Salatblättern auslegen und den Salat darauf verteilen. Mit Koriander und Minze bestreuen.

Reisfelder in Phetchabury.

TROPISCHE FRÜCHTE Obst wird in Thailand ganz oder in Stücken verkauft. In jedem Fall wird die Ware abgewogen. Jackfrucht *(Khanun)* *(oben links)* schmeckt nach Obstsalat. Die zähe, stachlige Schale wird entfernt. Darunter kommt das Fruchtfleisch in Spalten zum Vorschein (unten links), aus denen die Samen entfernt werden. Rambutan *(Ngaw),* (oben), haben eine rote Schale mit weichen grünen Stacheln.

OBST

EINE AUSWAHL TROPISCHER FRÜCHTE *(PHON-LA-MAI)* GEHÖRT IN THAILAND WIE SELBSTVERSTÄNDLICH ZUM ALLTAG. ES GIBT OBST ZUM FRÜHSTÜCK, ALS NACHTISCH, ALS IMBISS, UND ES GEHÖRT ZU VIELEN REZEPTEN. AUSSERDEM WIRD ES GETROCKNET, EINGELEGT ODER ZU SAFT VERARBEITET. AN JEDER STRASSENECKE GIBT ES OBST ZU KAUFEN.

Tropische Früchte wachsen in ganz Thailand. Eine Fahrt über Land führt an unzähligen Obstbäumen vorbei. Auch in der Stadt wird jeder Quadratmeter Land für einen oder zwei Bananenpflanzen, einen Papaya- oder Mangobaum genutzt. Frisches Obst wird oft geschält und geschnitten, auf Holzspießen in Plastiktüten verpackt verkauft. Meist gibt es dazu noch ein Tütchen mit Gewürzen. Die Thais mögen ausgewogene Gewürzmischungen, auch beim Obst. Salz, Zucker und etwas Chilipulver bringen das Aroma der Früchte erst richtig zur Geltung.

Obst wird in der Thai-Küche sehr häufig verwendet. Jackfrucht, Karambola, Mangostane, grüne Mangos und Litschis gehören in Currys. Salate werden mit grünen Mangos, Papa-

BANANEN *(Kluay)* In Thailand gibt es über 20 Bananensorten, die sehr unterschiedlich sind. Alle werden in der Küche verwendet. Sie werden auf schwimmenden Märkten verkauft, grüne Bananen reifen unter den Vordächern der Häuser nach. Die mittelgroße *Kluay naam waa* ist die typische Banane. Eierbananen *(Kluay khai)* werden anderswo als Zwergbananen bezeichnet. Zuckerbananen sind klein und süß.

yas oder Pomelostücken zubereitet. Bananen werden in der Schale gedünstet zum Frühstück gegessen oder an Straßenständen an Spießen über Holzkohle gegrillt. Zum Dessert gibt es Bananen – gebraten, in Kokosmilch gegart oder gegrillt, Klebreis mit Mango oder eingeweichtes Obst. Die moderne Küche hat auch Eiscremes und Sorbet integriert.

FRUCHTSÄFTE

An den Geschmack frischer Fruchtsäfte *(Naam pan)* müssen sich die Besucher in Thailand oft erst gewöhnen. So wie frisches Obst mit Chili, Zucker und Salz gewürzt wird, werden die Säfte mit Salz abgeschmeckt. Meist handelt es sich um gehackte Früchte, die mit Wasser, Eis und einer Prise Salz im Mixer püriert werden.

THAILAND KULINARISCH ENTDECKEN

GESCHNITZTES OBST gehört zu den wichtigsten Tischdekorationen. Aus großen Früchten wie Papayas und Melonen schnitzt man komplizierte Blütenformen, aus kleineren oder halben Früchten entstehen kleine Blumen. Die Blätter schneidet man aus der Schale und das Ganze wird zu großen Arrangements aufgebaut. Ein geübter Schnitzer braucht für die Bearbeitung einer Melone etwa 20 Minuten.

KONSERVIERTES OBST *(phon-la-mai chaei im)*

In Thailand werden die verschiedensten Früchte durch Salzen, Einlegen, Kandieren oder Trocknen haltbar gemacht. Konserviertes Obst wird an Straßenständen in Tüten verkauft und ist ebenso gebräuchlich wie Bonbontüten im Westen.

DURIAN

Die berüchtigte Durian *(Thurian)* wird in Thailand sehnsüchtig erwartet. Sie »schmeckt wie der Himmel und riecht wie die Hölle«, was ihr einen einzigartigen Ruf verschafft hat. Der faulige Gestank kann wahre Kenner nicht davon abhalten, das saftige Fruchtfleisch zu genießen. Im Laufe des Jahres sind verschiedene Sorten erhältlich. Gibt es gerade keine frische Durian isst man gefriergetrocknete Chips oder Scheiben.

FRÜCHTE DER SAISON

Bananen, Guaven, Jackfrucht, Limonen, Wassermelonen, Orangen, Papayas, Pomelos und Ananas gibt es jederzeit. Europäisches Obst wird heute in kühleren Höhenlagen angebaut, vor allem nordwestlich und nördlich von Chiang Mai. Dort wachsen Pfirsiche, Kirschen und Äpfel, im Gewächshaus auch Erdbeeren, neben Litschis.

Im März kommen Mangos auf den Markt, im April Mangostanen und im Mai die Litschis. Die folgenden fünf Monate Cherimoya, Longans, Rambutans, Javaäpfel, Sapodilla, Karambola, Chinesische Datteln, Langsat, Santol und Salak werden reif. Im Winter ist man wieder auf die ganzjährigen und nicht heimischen Früchte angewiesen.

THAILAND KULINARISCH ENTDECKEN

CHERIMOYA *(Nauy naa)* Die auch Zimtapfel genannte Frucht schmeckt süß. Im weichen, cremigen Fruchtfleisch stecken harte schwarze Samen.

ROTE PITAHAYA *(Keow mang korn)* Die besonders leuchtende Frucht hat knackiges, süßes, wässriges Fruchtfleisch und kleine schwarze Samen.

GUAVE *(Farang)* Die Guave hat duftendes Fleisch, das unreif adstringierend wirkt. Reif überwältigt das rosa oder weiße Fleisch alles andere Obst.

MANGOSTANE *(Mangkhut)* Die Früchte haben eine feste Schale und weiches, weißes, süßes Fleisch, das in Spalten geteilt ist. In jeder Frucht sind zwei Samen.

DURIAN *(Thurian)* Die Durian ist in Flugzeugen und öffentlichen Räumen verboten. Ohne den fauligen Geruch wäre ihr süßes Fleisch sicher viel beliebter.

KARAMBOLE *(Mafuang)* Sie wird wegen ihres Querschnitts auch Sternfrucht genannt und zu herzhaften oder süßen Gerichten gegessen.

GRÜNE MANGO *(Mamuang)* Wegen ihres sauren Geschmacks wird sie für herzhafte Gerichte wie Salate (Yam), Currys und Suppen verwendet.

SAPODILLA *(Lamut)* Die Früchte mit gelblicher Schale enthalten je drei oder vier flache schwarze Samen. Das Fleisch wird beim Reifen braun und süßer.

JAVAAPFEL *(Chom-phuu)* Knackiges Obst, das wegen der Struktur geschätzt und gern zu Dips wie *Naam phrik* oder herzhaften Gerichten serviert wird.

LANGSAT ODER DUKU *(Longkong)* Die Frucht wächst in Trauben. Die Schale umhüllt Spalten von durchscheinendem weißen Fleisch und grüne Samen.

POMELO *(Som-oh)* Die riesige Zitrusfrucht mit süßem, saftigem Fleisch wird aus der Hand gegessen oder in Spalten zerlegt und für Salate verwendet.

KAFFIRLIMETTE *(Luk ma-krut)* Auch Makrut-Limette genannt. Es wird hauptsächlich die Schale verwendet. Sie wird in Segmenten abgelöst.

FISCH & MEERESFRÜCHTE

THAILAND KULINARISCH ENTDECKEN

HAW MOK THALEH PHRIK YUAK
CURRYFISCH IN BANANENCHILIS GEDÄMPFT

DIESE CHILIS SIND MIT EINER FISCH-CURRYCREME GEFÜLLT. VERSCHIEDENE FARBEN MACHEN DAS GERICHT AUCH OPTISCH INTERESSANT. ROTE, GELBE UND ORANGE CHILIES VERFÄRBEN SICH WENIGER ALS GRÜNE. KLEINE PAPRIKASCHOTEN IN VERSCHIEDENEN FARBEN SIND AUCH GEEIGNET.

Vor dem Füllen aus Paprika- und Chilischoten die Saatleisten entfernen.

Fischer in Phang-nga.

FISCHFÜLLUNG
4–5 getrocknete lange rote Chilis
3 Knoblauchzehen, grob gehackt
1–2 Schalotten, grob gehackt
4 Korianderwurzeln, grob gehackt
1 Stängel Zitronengras, nur das Weiße, in feine Scheiben geschnitten
1 cm Galgant, in dünne Scheiben geschnitten
1 TL Schale von der Kaffir-Limette oder 2 -blätter, in dünne Scheiben geschnitten
1 TL Garnelenpaste
¼ TL Salz
275 g festes weißes Fischfilet, in 1 cm große Stücke geschnitten oder kleine rohe Garnelen oder kleine Kammmuscheln
400 ml dünne Kokosmilch (Seite 279)
2 Eier
2 EL Fischsauce

20 Bananenchilis oder kleine Paprikaschoten, am besten längliche
2 Handvoll Anis-Basilikum
2 EL dicke Kokosmilch
3–4 Limettenblatter, in feine Streifen geschnitten, zum Garnieren
1 lange rote Chilli, entkernt, in dünne Ringe geschnitten, zum Garnieren

4 PORTIONEN

FÜR die Fischfüllung im Mörser oder Mixer Chilis, Knoblauch, Schalotten und Korianderwurzeln pürieren. Nacheinander Zitronengras, Galgant, Limettenschale, Garnelenpaste und Salz hinzufügen, sodass eine Currypaste entsteht.

IN einer Schüssel die Currypaste mit Fisch, Kokosmilch, Eiern und Fischsauce mischen. 10 Minuten in eine Richtung rühren, abdecken und 30 Minuten in den Kühlschrank stellen, bis die Masse etwas fest wird.

CHILIS oder längliche Paprikaschoten mit einem scharfen Messer der Länge nach einschneiden, von runden Paprikaschoten oben einen dünnen Ring abschneiden. Samen und Saatleisten entfernen, waschen und trockentupfen. In jede Schote einige Basilikumblätter legen. Mit der Fischmasse fast bis zum Rand füllen.

EINEN Wok oder Dämpftopf mit Wasser füllen und abgedeckt bei starker Hitze zum Kochen bringen. Chilis bzw. Paprikaschoten auf einen Teller legen. Dieser sollte auf den Rost eines Bambusdämpfkorbs oder auf den Dämpfeinsatz des Woks passen. Den Dämpfkorb oder -einsatz vorsichtig in den Topf oder Wok hängen und den Teller daraufstellen. Die Hitze reduzieren, nur noch köcheln lassen. Zugedeckt in 15 bis 20 Minuten garen. Nach 10 Minuten eventuell Wasser auffüllen.

DEN Herd abschalten und die Schoten auf eine Servierplatte legen. Die dicke Kokosmilch darauf verteilen, mit Limettenblättern und Chiliringen verzieren.

HAW MOK
IN BANANENBLÄTTERN GEDÄMPFTER FISCH

DIE KÖSTLICH AROMATISCHE FISCHFÜLLUNG FÜR DIESES GERICHT IST DIESELBE WIE AUF DER VORHERIGEN SEITE. HIER WIRD DIE FISCHCREME IN EINZELNEN BANANENBLATTBECHERN GEDÄMPFT UND SIEHT DAMIT AUCH GLEICH HERRLICH EXOTISCH AUS.

Mit einer Schüssel als Schablone die Blätter zuschneiden. Mit Zahnstochern verbinden.

Bananenblätter
2 Handvoll Anis-Basilikum
Fischfüllung (Seite 104)
2 EL dicke Kokosmilch
3–4 Kaffirlimettenblätter, in dünne Scheiben geschnitten
1 lange rote Chilli, ohne Kerne, in dünne Ringe geschnitten, zum Garnieren

6 BANANENBECHER

Die Bananenblätter für 10 bis 20 Sekunden in den heißen Backofen legen oder kurz blanchieren, damit sie nicht reißen. Die Blätter quer zur Faser in 12 Kreise von je 15 cm Durchmesser schneiden. Ein Stück so legen, dass die Faser längs verläuft, das zweite so darauflegen, dass die Faser quer dazu verläuft. 1 cm tief und 4 cm lang (4 cm vom Rand und nicht weiter) einschlagen und mit einem spitzen Zahnstocher feststecken. Gegenüber und an den Seiten wiederholen, sodass vier Falten entstehen. Den Boden möglichst flach formen. Auf diese Weise 6 Becher herstellen. In jeden Becher einige Basilikumblätter legen und zu drei Vierteln mit der Fischcreme füllen.

EINEN Wok oder Dämpftopf mit Wasser füllen und abgedeckt bei starker Hitze zum Kochen bringen. Die Bananenbecher auf einen Teller stellen. Dieser sollte auf den Rost eines Bambusdämpfkorbs oder auf den Dämpfeinsatz des Woks passen. (Wenn Ihr Wok oder Topf einen Dampfteller hat, auf dem die Becher flach stehen, wird der extra Teller nicht gebraucht.) Den Dämpfkorb oder -einsatz vorsichtig in den Topf oder Wok hängen und den Teller daraufstellen. Die Hitze reduzieren, nur noch köcheln lassen. Zugedeckt 15 bis 20 Minuten garen. Nach 10 Minuten eventuell Wasser auffüllen.

DIE Füllung geht beim Garen etwas auf. Den Herd ausschalten und die Becher auf eine Servierplatte stellen. Etwas dicke Kokosmilch darauf verteilen, mit Limettenblättern und Chiliringen verzieren.

THAILAND KULINARISCH ENTDECKEN

PUU PHAT PHONG KARII
KREBS MIT CURRYPULVER

DIESES REZEPT IST EINS DER WENIGEN THAI-GERICHTE, DIE MIT CURRYPULVER GEWÜRZT WERDEN. FERTIGES CURRYPULVER (AM BESTEN EINE THAI-MARKE) IST IN DER REGEL SEHR GUT UND WIRD AUCH VON THAILÄNDISCHEN KÖCHEN VERWENDET; EIN REZEPT FINDET SICH AUF SEITE 287.

Den Krebs vierteln, die Beine am Körper lassen. Die Kokosmilch-Mischung und Zwiebeln nach 5 Minuten zugeben.

1 frischer Krebs, 500 g
170 ml dünne Kokosmilch (Seite 279)
1 EL helle Sojasauce
½ EL Austernsauce
2 TL Thai-Currypulver (Seite 287) oder fertiges Thai-Currypulver
¼ TL Zucker
2 EL Pflanzenöl
3–4 Knoblauchzehen, fein gehackt
1 kleine Zwiebel, in 3 Spalten geschnitten
2 Frühlingszwiebeln, in dünne Ringe geschnitten
½ lange rote Chilli, entkernt, in dünne Ringe geschnitten, zum Garnieren
einige Korianderblätter, zum Garnieren

4 PORTIONEN

DEN Krebs 1 Stunde in den Gefrierschrank legen. Die Beine am Körper lassen und den Krebs von Kopf bis Schwanz in der Mitte halbieren. Nochmal von rechts nach links halbieren (vierteln), mit Beinen an jedem Viertel. Die oberen Schalenteile abdrehen und entfernen. Den Magensack und das weiche Kiemengewebe wegschneiden. Mit einer Krebszange oder einem schweren Messerrücken die Scheren knacken. Halbieren, falls sie zu groß sind.

IN einer Schüssel Kokosmilch, helle Sojasauce, Austernsauce, Zucker und Chillipulver mischen.

DAS Öl im Wok oder in einer Pfanne erhitzen. Den Knoblauch bei mittlerer Hitze unter Rühren hellbraun braten. Den Krebs hinzugeben und weitere 4 bis 5 Minuten unter Rühren braten. Kokosmischung und Zwiebel zugeben und weitere 5 bis 7 Minuten unter Rühren braten, bis das Krebsfleisch gar und die Sauce dick eingekocht ist. Die Frühlingszwiebeln zugeben. Abschmecken. Auf einer Servierplatte mit Korianderblättern und Chiliringen verzieren.

Snackstand in Bangkok

NEUNG HAWY LAI KRA-CHAI
MUSCHELN MIT KRACHAI

450 g Venus- und Miesmuscheln, gemischt, in der Schale
75 g Krachai, in dünne Scheiben geschnitten
2,5 cm Galgant, in 7–8 Scheiben geschnitten
1 lange rote Chili, entkernt, fein gehackt
2 TL Fischsauce
½ TL Zucker
einige Thai-Basilikumblätter, zum Garnieren

2 PORTIONEN

DIE Muscheln abbürsten und die Bärte entfernen. Alle offenen Muscheln und die, die sich nicht schließen, wenn sie auf die Arbeitsfläche gestoßen werden, entfernen. Alle mehrmals in kaltem Wasser waschen, bis das Wasser klar abläuft; in eine große Schüssel geben und 30 Minuten in kaltem Wasser einweichen. So wird der Sand aus den Venusmuscheln entfernt.

MUSCHELN, Krachai, Galgant und gehackten Chili in einen großen Topf oder Wok abgedeckt bei mittlerer Hitze 5 Minuten garen; die Pfanne öfter schütteln. Fischsauce und Zucker unterheben. Alle geschlossenen Muscheln wegwerfen. Die Muscheln in einer großen Schüssel mit Basilikum garniert servieren.

PHAT HAWY MALAENG PHUU TA-KHRAI
MUSCHELN MIT ZITRONENGRAS

450 g Mies- oder Venusmuscheln
1 ½ EL Pflanzenöl
2–3 Knoblauchzehen, fein gehackt
1 kleine Zwiebel, fein gehackt
Stängel Zitronengras, nur das Weiße, in feine Scheiben geschnitten
2,5 cm Galgant, in 7–8 Scheiben geschnitten
2 lange rote Chilis, entkernt, fein gehackt
1 EL Fischsauce
1 EL Limonensaft
½ EL Zucker
25 g Thai-Basilikumblätter, grob gehackt

2 PORTIONEN

DIE Muscheln abbürsten und die Bärte entfernen. Alle offenen Muscheln und die, die sich nicht schließen, wenn sie auf die Arbeitsfläche gestoßen werden, entfernen. Venusmuscheln mehrmals in kaltem Wasser waschen, bis das Wasser klar abläuft; in einer großen Schüssel 30 Minuten in kaltem Wasser einweichen. So wird der Sand aus den Venusmuscheln entfernt.

DAS Öl im Wok erhitzen und Knoblauch, Zwiebel, Zitronengras, Galgant und Chilis bei mittlerer Hitze 1 bis 2 Minuten unter Rühren anbraten.

DIE Muscheln hinzugeben und einige Minuten unter Rühren braten. Fischsauce, Limettensaft und Zucker hinzufügen. Abdecken und bei mittlerer Hitze 5 bis 7 Minuten garen; den Wok öfter schütteln. Kochen, bis die Muscheln sich öffnen; alle geschlossenen wegwerfen. Das gehackte Basilikum untermischen. Abschmecken.

DIE gedämpften Muscheln heiß in einer großen Schüssel servieren.

MUSCHELN MIT ZITRONENGRAS

THAILAND KULINARISCH ENTDECKEN

PLAA THAWT PRIAW WAAN
FRITTIERTER FISCH MIT SÜSS-SAURER SAUCE

WIRD EIN GANZER FISCH SERVIERT, HEBT MAN ERST DIE OBEN LIEGENDEN FILETS AB, ENTFERNT DANN DIE GRÄTEN AN EINEM STÜCK, UM AN DIE UNTEN LIEGENDEN FILETS ZU KOMMEN. DAS AROMA DER SÜSS-SAUREN SAUCE PASST HERVORRAGEND ZU ALLEN FISCHARTEN.

400 g Buntbarsch, Seebrasse, Red Snapper oder Meeräsche
3 ½ EL Mehl
1 Prise gemahlener weißer Pfeffer
Pflanzenöl zum Frittieren
225 g Ananasscheiben im Saft (Dose), jede Scheibe in 4 Stücke geschnitten (Saft auffangen)
1 ½ EL Pflaumensauce oder Ketchup
2 ½ TL Fischsauce
1 EL Zucker
1 ½ EL Pflanzenöl
3-4 Knoblauchzehen, fein gehackt
1 mittelgroße Zwiebel, in 8 Scheiben geschnitten
½ rote Paprika, in mundgerechte Stücke geschnitten
1 kleine Gurke (mit Schale), in mundgerechte Stücke geschnitten
1 mittelgroße Tomate, in 8 Scheiben geschnitten, oder 4 Babytomaten
einige Korianderblätter, zum Garnieren

2 PORTIONEN

DEN Fisch putzen und ausnehmen, den Kopf am Körper lassen. Gut trocknen und auf beiden Seiten mehrmals mit einem scharfen Messer einschneiden. Den Fisch außen und innen mit einer Prise Salz einreiben. 3 EL Mehl und den Pfeffer auf einem Teller mischen und den Fisch leicht hineindrücken, bis er ganz mit Mehl bedeckt ist. Überschüssiges Mehl abschütteln.

IN einem großen Wok oder Topf, in den der Fisch ganz hineinpasst, 10 cm Öl erhitzen. Einen kleinen Brotwürfel in das Öl fallen lassen; wenn es zischt, ist es heiß genug. Die Hitze etwas reduzieren und den Fisch in das Öl gleiten lassen. Vorsicht, das heiße Öl kann spritzen. Den Fisch in 15 bis 20 Minuten nur auf einer Seite frittieren (das Öl muss den ganzen Fisch bedecken), bis er gar und hellbraun ist (wird der Fisch dunkelbraun, ist er bereits zu trocken). Abgießen, auf Küchenpapier und schließlich auf eine warme Platte legen. Warmhalten.

INZWISCHEN den Ananassaft (ca. 6 EL) mit dem restlichen Mehl, Pflaumensauce bzw. Ketchup, Fischsauce und Zucker in einer kleinen Schüssel glatt verrühren.

DAS ÖL aus dem Wok oder Topf gießen und 1 ½ EL frisches Öl im selben Topf erhitzen. Den Knoblauch bei mittlerer Hitze unter Rühren in 1 Minute hellbraun braten. Zwiebeln und Paprika hinzugeben und weitere 1 bis 2 Minuten unter Rühren braten. Ananas, Gurken, Tomate und Saftmischung hinzufügen. Eine Minute weiterrühren. Abschmecken. Über den warmen Fisch gießen und mit einigen Korianderblättern garnieren.

PLAA NEUNG GEAM BOUI
GEDÄMPFTER FISCH MIT PFLAUME

FÜR DIESES REZEPT WIRD EIN GROSSER DÄMPFTOPF ODER DER DÄMPFEINSATZ FÜR DEN WOK BENÖTIGT. BEIDE EIGNEN SICH GLEICH GUT. PFLAUMEN IM GLAS SIND IN ASIA-MÄRKTEN ERHÄLTLICH; GEÖFFNET HALTEN SIE SICH EINIGE ZEIT IM KÜHLSCHRANK.

1 EL helle Sojasauce
½ TL Zucker
1 großer Fisch (oder 2 kleinere) wie Butt, Flunder oder Steinbutt (Gesamtgewicht ca. 1 kg)
50 g Champignons, in Scheiben geschnitten
2 kleine eingelegte Pflaumen, zerdrückt
5 cm Ingwer, in feine Streifen geschnitten
4 Frühlingszwiebeln, schräg in Scheiben geschnitten
2 lange rote oder grüne Chilis, entkernt, in feine Ringe geschnitten
einige Korianderblätter, zum Garnieren
etwas gemahlener weißer Pfeffer

4 PORTIONEN

IN einer kleinen Schüssel Sojasauce und Zucker mischen.

DEN Fisch putzen und ausnehmen, den Kopf am Körper lassen. Gut trocknen. Auf beiden Seiten drei- oder viermal mit einem scharfen Messer einschneiden. Den Fisch auf einen tiefen Teller legen, der etwas größer ist als der Fisch. Dieser sollte auf den Rost eines Bambusdämpfkorbs oder auf den Dämpfeinsatz des Woks passen. Champignons, Pflaumen und Ingwer über den Fisch streuen. Die Sojasauce mit Zucker vermischt über den Fisch gießen.

EINEN Wok oder Dämpftopf mit Wasser füllen und abgedeckt bei starker Hitze zum Kochen bringen. Den Dämpfkorb oder -einsatz vorsichtig in den Topf oder Wok hängen und den Teller mit dem Fisch daraufstellen. Die Hitze reduzieren, nur noch köcheln lassen. Zugedeckt 25 bis 30 Minuten dämpfen (je nach Art und Größe der Fische), bis sich ein Spieß leicht in den Fisch stecken lässt. Etwa alle 10 Minuten eventuell Wasser auffüllen. Den Fisch aus dem Dämpftopf nehmen. Auf demselben Teller servieren. Mit Frühlingszwiebeln, Chilis, Koriander und Pfeffer bestreuen.

THAILAND KULINARISCH ENTDECKEN

PLA THAWT BAI HOHRAPHAA
FISCH MIT CHILI UND ANIS-BASILIKUM

DAS IST EINS DER BELIEBTESTEN FISCHGERICHTE IN THAILAND. ES KANN MIT DEN MEISTEN FISCH-ARTEN ZUBEREITET WERDEN. DER FISCH SCHMECKT MILD WÜRZIG UND WIRD MIT FRITTIERTEM CHILI UND BASILIKUM GARNIERT. MEHL IST NICHT TRADITIONELL, MACHT DEN FISCH ABER KNUSPRIGER.

Die Basilikumblätter in zwei Portionen knusprig frittieren.

1 großer oder 2 kleinere Red Snapper (Gesamtgewicht ca. 1 kg)
3 EL Mehl
1 Prise gemahlener schwarzer Pfeffer
1 ½ EL Pflanzenöl
½ EL rote Currypaste (Seite 276) oder fertige Paste
2 EL Palmzucker
2 EL Fischsauce
Pflanzenöl zum Frittieren
1 Handvoll Anis-Basilikum
1 getrocknete lange rote Chili, in 5 mm große Stücke geschnitten, ohne Kerne
3 Kaffirlimettenblätter, in sehr feine Streifen geschnitten, zum Garnieren

4 PORTIONEN

DEN Fisch putzen und ausnehmen. Gut trocknen. Auf beiden Seiten drei- oder viermal mit einem scharfen Messer einschneiden. Den Fisch außen und innen mit einer Prise Salz einreiben. Mehl und Pfeffer auf einem Teller mischen und den Fisch leicht hineindrücken, bis er ganz mit Mehl bedeckt ist. Überschüssiges Mehl abschütteln.

DAS Öl in einem kleinen Topf erhitzen, rote Currypaste hineingeben und bei mittlerer Hitze 1 bis 2 Minuten unter Rühren anbraten. Zucker, Fischsauce und 2 EL Wasser hinzugeben und weitere 1 bis 2 Minuten kochen, bis der Zucker sich aufgelöst hat. Vom Herd nehmen.

IN einem großen Wok oder Topf, in den der Fisch ganz hineinpasst, 10 cm Öl erhitzen. Wenn das Öl heiß ist, einige Basilikumblätter hineingeben. Wenn es sofort zischt, ist das Öl heiß genug. Die Hälfte des Basilikums in 1 Minute knusprig frittieren Mit einem Schaumlöffel herausnehmen und auf Küchenpapier abtropfen lassen. Den Rest frittieren.

IM selben Wok die Chili bei mittlerer Hitze einige Sekunden hellbraun frittieren. Nicht verbrennen lassen. Mit einem Schaumlöffel herausnehmen und auf Küchenpapier abtropfen lassen. Die Hitze etwas reduzieren und den Fisch in das Öl gleiten lassen. Vorsicht, das heiße Öl kann spritzen. Den Fisch in 5 bis 10 Minuten nur auf einer Seite frittieren (das Öl muss den ganzen Fisch bedecken), bis er gar und hellbraun ist (wird er dunkelbraun, ist er bereits zu trocken). Das Öl abgießen und den Fisch auf Küchenpapier abtropfen lassen.

DIE Currysauce in den Wok geben und leicht erwärmen. Den Fisch hinzugeben und beide Seiten mit der Sauce überziehen. Den Fisch mit der Sauce auf einen warmen Teller geben und mit Basilikum, Chili und Limettenblättern bestreuen.

Markt in Pattaya

PLAA PHAO
GEGRILLTER FISCH MIT KNOBLAUCH

DIE BANANENBLÄTTER SCHÜTZEN DEN FISCH VOR DER HITZE UND GEBEN IHM EIN BESONDERES, FEINES AROMA. DIE BLÄTTER VERKOHLEN BEIM GRILLEN. BANANENBLÄTTER GIBT ES IN ASIA-MÄRKTEN, OFT IM GEFRIERSCHRANK.

4 Fische wie Buntbarsch, Meerbarbe, Meeräsche oder Makrele (je ca. 300 g)
8–10 Knoblauchzehen, grob gehackt
6 Korianderwurzeln, gehackt
1 TL gemahlener weißer Pfeffer
1 TL Salz
1 EL Pflanzenöl
8 Bananenblätter
Chilisauce zum Servieren

4 PORTIONEN

DEN Fisch putzen und ausnehmen. Gut trocknen. Jeden Fisch auf beiden Seiten drei- oder viermal mit einem scharfen Messer einschneiden.

IM Mörser oder Mixer Knoblauch, Koriander, Pfeffer, Salz und Öl zu einer feinen Paste verarbeiten. Die Fische innen und außen mit der Knoblauchpaste einreiben. Mindestens 30 Minuten zugedeckt im Kühlschrank marinieren.

BANANENBLÄTTER für 10 bis 20 Sekunden in den heißen Backofen stellen oder kurz blanchieren, damit sie nicht reißen. Je zwei Bananenblätter so übereinander legen, dass die Fasern quer zueinander verlaufen, und den Fisch darin einpacken. Die Enden mit Zahnstochern feststecken.

DEN Grill auf mittlere Hitze vorheizen. Den Fisch etwa 15 Minuten pro Seite grillen, bis er gar und leicht gebräunt ist. Der Fisch lässt sich beim Grillen leichter anheben und wenden, wenn er in einem fischförmigen Drahtkorb liegt, der sich wie eine Zange öffnet. Den Fisch auf einer Platte anrichten. Mit der Chilisauce servieren.

Den Fisch einschneiden, würzen und in Bananenblätter wickeln.

THAILAND KULINARISCH ENTDECKEN

PLAA THAWT RAD KHING
FRITTIERTER FISCH MIT INGWER

IN THAILAND WIRD DER FISCH VOR DEM FRITTIEREN MEIST NICHT MIT MEHL PANIERT, ABER SO WIRD DIE HAUT KNUSPRIGER. DER FISCH MUSS GAR UND SEHR KNUSPRIG SEIN, SONST WEICHT ER DURCH DIE SAUCE AUF. STATT EINES GROSSEN KANN MAN AUCH MEHRERE KLEINE FISCHE NEHMEN.

15 g getrocknete Shiitake-Pilze (eine halbe Hand voll)
1 großer Fisch oder 2 kleinere wie Red Snapper, Meeräsche oder Zackenbarsch (Gesamtgewicht ca. 1 kg)
3 EL Mehl
1 Prise gemahlener schwarzer Pfeffer
1 EL Austernsauce
1 EL helle Sojasauce
1/4 TL Zucker
Pflanzenöl zum Frittieren
1 1/2 EL Pflanzenöl
4 Knoblauchzehen, grob gehackt
1 kleine Möhre, in feine Stifte geschnitten
2 cm Ingwer, in feine Stifte geschnitten
2 Frühlingszwiebeln, in dünne Ringe geschnitten, zum Garnieren

4 PORTIONEN

DIE Pilze 2 bis 3 Minuten in heißem Wasser einweichen, abgießen und fein hacken.

DEN Fisch putzen und ausnehmen. Gut trocknen. Auf beiden Seiten drei- oder viermal mit einem scharfen Messer einschneiden. Den Fisch außen und innen mit einer Prise Salz einreiben. Mehl und Pfeffer auf einem Teller mischen und den Fisch leicht hineindrücken, bis er ganz bedeckt ist. Überschüssiges Mehl abschütteln.

IN einer kleinen Schüssel Sojasauce, Austernsauce, Zucker und 2 EL Wasser mischen.

IN einem großen Wok oder Topf, in den der Fisch ganz hineinpasst, 10 cm Öl erhitzen. Wenn das Öl heiß genug erscheint, ein Stück Frühlingszwiebel hineinfallen lassen. Wenn es sofort zischt, ist das Öl heiß genug. Die Hitze etwas reduzieren und den Fisch in das Öl gleiten lassen. Vorsicht, das heiße Öl kann spritzen. Den Fisch in 5 bis 10 Minuten nur auf einer Seite frittieren (das Öl muss den ganzen Fisch bedecken), bis er gar und hellbraun ist (wird der Fisch dunkelbraun, ist er bereits zu trocken). Auf Küchenpapier und schließlich eine warme Platte legen. Warmhalten. Das Öl abgießen.

IM selben Wok 1 1/2 EL frisches Öl erhitzen und den Knoblauch bei mittlerer Hitze unter Rühren hellbraun braten. Möhre, Ingwer, Champignons und die Sauce hinzugeben und weitere 1 bis 2 Minuten unter Rühren braten. Abschmecken. Den warmen Fisch damit übergießen, mit Frühlingszwiebel bestreuen.

Den Ingwer erst in Scheiben, dann in dünne Stifte schneiden.

Getrockneter Fisch

PLAA THAWT SAHM ROT
FRITTIERTER FISCH MIT DREI-AROMEN-SAUCE

MIT LIMONENSAFT WIRD DIE SAUCE KLAR, MIT TAMARINDE WIRD SIE DUNKLER. STATT EINES GROSSEN FISCHES KÖNNEN AUCH MEHRERE KLEINE VERWENDET WERDEN. WENN VORHANDEN, MIT THAI-BASILIKUM GARNIEREN.

1 x 350 g Seebrasse, Red Snapper oder Meeräsche
3 EL Mehl
1 Prise gemahlener schwarzer Pfeffer
Pflanzenöl zum Frittieren
4–5 Knoblauchzehen, grob gehackt
5 lange rote Chilis, entkernt, grob gehackt
4–5 Schalotten, grob gehackt
3 Korianderwurzeln, fein gehackt
3 EL Palmzucker
2 EL Fischsauce
3 EL Tamarindenmus oder Limonensaft
einige Anis- oder Thai-Basilikumblätter, zum Garnieren

2 PORTIONEN

DEN Fisch putzen und ausnehmen. Gut trocknen. Auf beiden Seiten drei- oder viermal mit einem scharfen Messer einschneiden.

DEN Fisch außen und innen mit einer Prise Salz einreiben. Mehl und Pfeffer auf einem Teller mischen und den Fisch leicht hineindrücken, bis er ganz mit Mehl bedeckt ist. Überschüssiges Mehl abschütteln.

IN einem großen Wok oder Topf, in den der Fisch ganz hineinpasst, 10 cm Öl erhitzen. Wenn das Öl heiß erscheint, ein Stück Schalotte hineinfallen lassen. Wenn es sofort zischt, ist das Öl heiß genug. Die Hitze etwas reduzieren und den Fisch in das Öl gleiten lassen. Vorsicht, das heiße Öl kann spritzen. Den Fisch in 15 bis 20 Minuten nur auf einer Seite frittieren (das Öl muss den ganzen Fisch bedecken), bis er gar und hellbraun ist (wird der Fisch dunkelbraun, ist er bereits zu trocken). Abgießen, auf Küchenpapier und schließlich eine warme Platte legen. Warmhalten.

WÄHREND der Fisch gart, im Mörser oder Mixer Chilis, Knoblauch, Schalotten und Korianderwurzeln zu einer groben Paste verarbeiten.

IM Wok oder einer Pfanne 1 EL Öl erhitzen und die Chilipaste bei mittlerer Hitze 1 bis 2 Minuten unter Rühren anbraten. Palmzucker, Fischsauce und Tamarindenmus bzw. Limonensaft hinzugeben und weitere 2 bis 3 Minuten kochen, bis der Zucker sich aufgelöst hat. Die warme Chilisauce über den Fisch gießen und mit Basilikumblättern garnieren.

Den panierten Fisch auf einer Seite frittieren, sodass er von Öl bedeckt ist.

Gemüseverkauf auf dem schwimmenden Markt.

FISCH Fisch, der nicht kommerziell gefangen wird, kommt gleich vor Ort auf den Markt. Auf dem Fischmarkt in Ranong werden auch Tiefseefische verkauft. Auf kleineren Märkten wird der Fisch direkt nach dem Fang verkauft, teilweise noch lebend aus Eimern und Becken. Die Händler schlachten und putzen den Fisch erst nach dem Kauf. Die meisten Fische werden ganz zubereitet; die Bäckchen gelten als

FISCH & MEERES-FRÜCHTE

SÜSSWASSERFISCH UND MEERESFRÜCHTE SIND WICHTIGE BESTANDTEILE DER THAI-KÜCHE. IHRE BEDEUTUNG WIRD NUR VON REIS ÜBERTROFFEN. SEHR VIELE THAIS ESSEN TÄGLICH FRISCHEN FISCH, DANEBEN GEHÖREN FISCHSAUCE UND GARNELENPASTE ALS WÜRZMITTEL ZU FAST JEDEM GERICHT.

Fisch und Meeresfrüchte werden überall gefangen, an der 2710 km langen Küste, in Seen, Flüssen, Kanälen, Teichen und sogar in Nassreisfeldern und Pfützen. Die Fischerei wird kommerziell, in Gemeinschaften oder einzeln betrieben. Großmärkte in jedem größeren Hafen vertreiben den Fisch ins Ausland und in ganz Thailand. Im Landesinneren wird Süßwasserfisch in kleinen Mengen auf dem Markt verkauft.

Die einzelnen Regionen haben ihre eigenen Spezialitäten und Fisch-Industrien. Fischsauce wird meist im Haushalt hergestellt, es gibt aber auch Fabriken am Golf von Thailand. Der Isthmus von Kra und die Inseln sind berühmt für frischen Fisch und Meeresfrüchte, die gegrillt werden, in Pattaya gibt es Flusskrebse. Im Landesinneren werden im April und Mai

besondere Delikatesse. Auch ganzen Fisch, wie diese Makrelen (oben links), gibt es auf den meisten Märkten. Garnelen sind sehr beliebt; Riesengarnelen (rechts) werden gezüchtet und sind besonders fleischig. Kleine Garnelen werden getrocknet und zu Pulver vermahlen oder vor dem Kochen in Flüssigkeit eingeweicht. Hochwertige getrocknete Garnelen sind tief orangefarben wie hier auf dem Bild.

riesige Welse aus dem Mekong gefangen. Garnelen züchtet man in den Mangrovensümpfen, was allerdings weder der Umwelt noch den Einheimischen Vorteile bringt.

EINGELEGT, GETROCKNET UND FERMENTIERT

Das meiste, was aus Thailands Gewässern kommt, wird getrocknet, eingelegt oder zu Garnelenpaste und Fischsauce verarbeitet. Entlang der Küste trocknen Fische, Garnelen und Tintenfische auf Matten in der Sonne (rechts). Fische, Krebse und Muscheln werden auch eingelegt, so bekommen sie ein sehr intensives Aroma und werden zum Würzen von Reis und Gemüse verwendet. Garnelenpaste ist die Grundlage für Dips zu frischem Gemüse. Getrockneter, gerösteter Tintenfisch wird über die Straße verkauft wie hierzulande Pommes.

THAILAND KULINARISCH ENTDECKEN

HERSTELLUNG VON FISCHSAUCE

FISCHSAUCE In der Fabrik Tang Sang Hah werden verschiedene Fischsaucen für den heimischen und den ausländischen Markt hergestellt. Ursprünglich wurden dazu Keramikkrüge verwendet (links), heute sind es Betonbecken. Sardellen werden aus ganz Thailand in das Werk gebracht, mit Salz gemischt und in die Becken gefüllt. Es gibt hier dreitausend solcher Becken, die je zwei Meter tief sind. Fischnachschub wird jeden Tag angeliefert, der Fisch auf dem Bild (Mitte) ist jedoch schon einen Monat alt und zerfällt bereits. Die Becken werden abgedeckt

und der Fisch fermentiert durch die Sonnenhitze, mit Salz konserviert, im eigenen Saft. Fisch und Saft mischen sich im Becken. Nach zwölf Monaten ist der Fisch soweit abgebaut, dass die festen Bestandteile zu Boden sinken und die Fischsauce darüber stehen bleibt. Die Flüssigkeit wird aus dem Becken abgelassen, gefiltert, gemischt und auf Qualität geprüft. Dann wird etwas Zucker hinzugefügt, sonst aber nichts. Die Sauce wird abgefüllt. Die verschiedenen Qualitäten sind an der Flasche zu erkennen. Fischsauce der Klasse Zwei ist etwas salziger und

wird in großen Plastikflaschen verkauft. Nach Aussagen der Firma ist sie bei Straßenhändlern sehr beliebt, die sie in großen Mengen für ihre Nudelgerichte verwenden. Auch drittklassige Fischsauce wird in großen Plastikflaschen verkauft. Zwölf Monate alte Sauce der Premium-Klasse mit echtem Fischgeschmack wird unter der Marke Tiparos in kleinen Glasflaschen mit goldenem Etikett und rot-blau-weißem Logo verkauft (Mitte rechts und rechts). Die zweitbeste Sauce ist die der ersten Klasse mit gelbem Etikett (links).

THAILAND KULINARISCH ENTDECKEN

 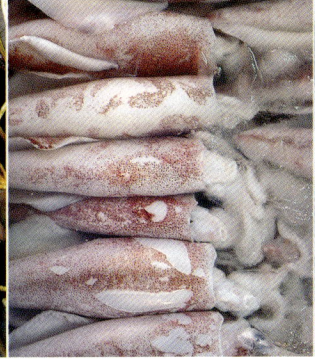  

KREBSE *(Puu)* Krebsfleisch wird gern zu gebratenem Reis und zu Nudeln gegessen. Ganze Krebse werden oft in Stücke gehackt und mit Currypulver gebraten.

TINTENFISCH *(Plaa Meuk Kluay)* wird frisch und getrocknet gegessen. Frisch wird er in kochendem Wasser blanchiert, statt gebraten, damit er zart bleibt.

SILBERNER PAMPEL *(Plaajalamet)* Dieser Speisefisch kommt in ganz Asien vor. Er schmeckt ganz gebraten am besten, eignet sich aber auch für Currys.

ROCHEN werden weiter draußen vor der Küste gefangen und sind in Thailand eher selten. Auf großen Fischmärkten kann man sie jedoch finden.

GARNELEN *(Kung)* Riesengarnelen isst man gern in Suppen, Currys und Nudelgerichten. Sie gehören auf jede Speisekarte.

GRASKARPFEN *(Plaa Tapian)* Karpfen sind in Südostasien und China beliebte Süßwasserfische, aus Zuchtbetrieben oder wild.

BUNTBARSCH *(Plaa Nin)* Süßwasserfische werden oft gezüchtet und dann gedämpft oder gebraten.

VENUSMUSCHELN *(Hawy Lai)* Für Suppen und Currys. Werden wie Austern behandelt, tragen auch den gleichen Namen Hawy.

HALTBARER FISCH

Fisch und Meeresfrüchte werden oft gesalzen, getrocknet oder eingelegt. So halten sie nicht nur länger, sondern werden auch aromatischer: Getrocknete Garnelen in verschiedenen Sorten (ganz links), meist gemahlen; eingelegte Miesmuscheln (Mitte links) für Pfannengerührtes und Salat; angetrockneter Fisch (Mitte rechts) für Currys oder frittiert für Salate; kleine getrocknete Fische (rechts) frittiert.

FLEISCH & GEFLÜGEL

THAILAND KULINARISCH ENTDECKEN

MUU PING
SCHWEINEFLEISCH AM SPIESS

WIE SATEH IST AUCH SCHWEINEFLEISCH AM SPIESS EIN BELIEBTER SNACK, HERVORRAGEND FÜR PARTIES UND IDEAL FÜR GRILLFESTE. DAZU PASST REIS ODER KLEBREIS. EINE ZUSÄTZLICHE SAUCE WIRD NICHT BENÖTIGT.

1 kg Schweinefilet
250 ml dünne Kokosmilch (Seite 279)
2 EL Kokoszucker
2 EL helle Sojasauce
2 EL Austernsauce
110 g Schalotten, in dünne Ringe geschnitten
4 Knoblauchzehen, grob gehackt
5 Korianderwurzeln, fein gehackt
2,5 cm Ingwer, in Scheiben geschnitten
1 ½ TL gemahlener Kurkuma
¼ TL gemahlener weißer Pfeffer
25 Bambusspieße, 18–20 cm lang

FÜR 25 STÜCK

DAS Schweinefleisch in 4 cm breite, 8 cm lange und 5 mm dicke Streifen schneiden und in eine Schüssel legen.

IN einer Schüssel Kokosmilch, Zucker, Sojasauce, Austernsauce, Schalotten, Knoblauch, Korianderwurzeln, Ingwer, Kurkuma und Pfeffer mischen, bis sich der Zucker auflöst. Über das Fleisch gießen und gut mischen. Mit Plastikfolie abdecken und für mindestens 5 Stunden oder über Nacht im Kühlschrank marinieren. Gelegentlich wenden.

DIE Bambusspieße 1 Stunde lang in Wasser einweichen, damit sie beim Grillen nicht verbrennen.

JE einen marinierten Schweinefleischstreifen wie beim Nähen auf einen Spieß fädeln. Bei kleineren Stücken zwei auf einen Spieß fädeln. Den Grill auf starke Hitze vorheizen. Beim Elektrogrill die Saftschale mit Folie auslegen.

DIE Spieße über Kohle 5 bis 7 Minuten, im Elektrogrill 10 Minuten pro Seite grillen, bis sie gar und leicht braun sind. Dabei häufig wenden und mit der Marinade bestreichen. Beim Elektrogrill genügend Abstand zwischen Grillgut und Hitzequelle lassen. Heiß oder warm servieren.

Das Schweinefleisch wird auf den Spieß gefädelt.

Souvenirverkauf in Mae Tang.

THAILAND KULINARISCH ENTDECKEN

MUU YANG
GEGRILLTE SCHWEINERIPPCHEN

2–3 Knoblauchzehen, gehackt
1 EL gehackte Korianderwurzel oder gemahlener Koriander
6 EL Palmzucker
7 EL Pflaumensauce oder Ketchup
2 EL helle Sojasauce
2 EL Austernsauce
1 TL gemahlener Pfeffer
½ TL gemahlenes Sternanis nach Wunsch
900 g Schweinerippchen, in 13–15 cm lange Stücke gehackt (dünne Rippe, falls möglich; vom Metzger vorbereiten lassen)

4 PORTIONEN

IM Mörser oder Mixer Knoblauch und Korianderwurzeln zu einer Paste verarbeiten. In einer großen Schüssel alle Zutaten mischen und die Rippchen mit der Marinade einreiben. Mit Plastikfolie abdecken und für mindestens 3 Stunden oder über Nacht im Kühlschrank marinieren.

DEN Backofen (auf 180 °C) oder einen Grill vorheizen. Die Rippchen mit der Marinade in eine Backform geben und 45 bis 60 Minuten backen, dabei mehrmals mit der Sauce übergießen. Auf dem Kohlegrill die Rippchen abgedeckt 45 Minuten grillen, dabei mehrmals wenden und begießen. Wenn die Rippchen nicht schön braun werden, pro Seite 5 Minuten unter dem Elektrogrill grillen, bis sie braun sind. Beim Elektrogrill die Saftschale mit Folie auslegen. Das Fleisch dabei mehrmals wenden und mit der verbleibenden Sauce bestreichen, bis es gar und braun ist.

MUU THAWT
FRITTIERTE SCHWEINERIPPCHEN

5 Korianderwurzeln, gehackt
3 Knoblauchzehen, fein gehackt
1 EL Fischsauce
1 ½ TL Austernsauce
½ TL gemahlener weißer Pfeffer
900 g Schweinerippchen, in 4–5 cm lange Stücke gehackt (dünne Rippe, falls möglich; vom Metzger vorbereiten lassen)
Pflanzenöl zum Frittieren
süße Chilisauce (Seite 284), zum Servieren

4 PORTIONEN

IM Mörser oder Mixer Knoblauch und Koriander zu einer Paste verarbeiten. In einer großen Schüssel die Korianderpaste mit Fischsauce, Austernsauce und gemahlenem Pfeffer mischen. Die Rippchen mit der Marinade einreiben, abdecken und für mindestens 3 Stunden oder über Nacht im Kühlschrank marinieren.

BEI mittlerer Hitze 6 cm Öl im Wok oder in einer Pfanne erhitzen. Wenn das Öl heiß ist, ein Stück Knoblauch hineinfallen lassen. Wenn es sofort zischt, ist das Öl heiß genug. Das Öl darf aber auch nicht zu heiß sein, sonst verbrennen die Rippchen. Jeweils die Hälfte der Rippchen in 15 bis 20 Minuten goldbraun frittieren. Auf Küchenpapier abtropfen lassen. Mit süßer Chilisauce servieren.

FRITTIERTE SCHWEINERIPPCHEN

GEGRILLTE SCHWEINERIPPCHEN

THAILAND KULINARISCH ENTDECKEN

NOK GRADTAA THAWT
FRITTIERTE WACHTEL

WACHTELN EIGNEN SICH GUT FÜR GERICHTE, DIE TRADITIONELL MIT TAUBE ZUBEREITET WURDEN. AUCH HÜHNERTEILE KÖNNEN VERWENDET WERDEN, DIE WACHTELN SEHEN JEDOCH ATTRAKTIVER AUS. MIT GEMÜSEGERICHTEN ODER ALS VORSPEISE SERVIEREN.

5 weiße Pfefferkörner
5 Koriandersamen
¼ TL Kreuzkümmelsamen
1 Sternanis
2 Knoblauchzehen
2 EL Sojasauce
½ TL Palmzucker
4 Wachteln,
Öl zum Frittieren
geröstete Chilisauce (Seite 283)
   oder süße Chilisauce (Seite 284),
   zum Servieren

4 PORTIONEN

IM Mörser Pfeffer, Koriander, Kreuzkümmel, Sternanis und eine Prise Salz zerstoßen. Mit Knoblauch, Sojasauce und Palmzucker zu einer Paste verarbeiten.

DIE Wachteln rundum mit der Paste einreiben und mindestens 3 Stunden zugedeckt im Kühlschrank marinieren.

DAS Öl im Wok erhitzen, bis ein Stück Brot darin zischt und braun wird. Die Wachteln mit Küchenpapier trockentupfen und 10 Minuten frittieren, dabei wenden, damit sie von allen Seiten gar werden. Das Öl muss auch das Innere der Wachteln erreichen.

GUT abtropfen lassen und mit etwas Salz bestreuen. Vierteln und mit gerösteter oder süßer Chilisauce servieren.

Die Wachteln mit der Paste bestreichen und marinieren. Die frittierte Wachtel aus dem Öl nehmen.

THAILAND KULINARISCH ENTDECKEN

MUU WAAN
KARAMELISIERTES SCHWEINEFLEISCH

DIESES GERICHT SCHMECKT RECHT SÜSS UND SOLLTE MIT GEDÄMPFTEM JASMIN- ODER KLEBREIS UND EINEM SAUREN GERICHT WIE GRÜNEM PAPAYA- ODER POMELO-SALAT SERVIERT WERDEN. DAS FLEISCH HÄLT SICH EINIGE TAGE IM KÜHLSCHRANK UND KANN IM VORAUS ZUBEREITET WERDEN.

Pflanzenöl zum Frittieren
75 g Schalotten, in dünne Ringe geschnitten
6 Knoblauchzehen, fein gehackt
500 g Schweineschulter oder -haxe, in dünne Scheiben geschnitten
1 EL Austernsauce
1 EL helle Sojasauce
1 EL Fischsauce
4 EL Palmzucker
¼ TL gemahlener weißer Pfeffer

4 PORTIONEN

BEI mittlerer Hitze 5 cm Öl im Wok oder einer tiefen Pfanne erhitzen und die Schalotten goldbraun frittieren. Nicht verbrennen lassen. Mit einem Schaumlöffel herausnehmen und auf Küchenpapier abtropfen lassen.

DAS Öl abgießen, sodass nur 2 EL in der Pfanne zurückbleiben. Den Knoblauch im Öl hellbraun anbraten, das Fleisch hinzufügen und einige Minuten unter Rühren braten. Austernsauce, Sojasauce, Fischsauce, Zucker und Pfeffer hinzufügen und ca. 5 Minuten weiterbraten, bis die Flüssigkeit verdampft und eine dicke, klebrige Sauce entstanden ist.

AUF einer Servierplatte mit den Schalotten bestreuen.

Palmzucker auf dem Markt

MUU PARLOW
GESCHMORTES SCHWEINEFLEISCH

1 große Schweinshaxe oder 2 kleine
Öl zum Frittieren
2 Korianderwurzeln, gehackt
4 Knoblauchzehen, zerdrückt
2 TL gemahlener weißer Pfeffer
4 Scheiben Ingwer
2 Sternanis
1 Stange Zimt
2 EL Palmzucker
2 EL Fischsauce
2 EL Ketjap Manis
1,5 l Hühnerbrühe
4 hart gekochte Eier, geschält

4 PORTIONEN

DIE Haxe in einem Topf mit Salzwasser zum Kochen bringen. Abgießen und wiederholen, dann das Fleisch mit Küchenpapier trockentupfen. Den Wok zu einem Viertel mit Öl füllen und stark erhitzen. Die Haxe vorsichtig hineingeben und von allen Seiten braun frittieren. Falls das Öl zu sehr spritzt, einen Deckel auflegen. Die Haxe herausnehmen und das Öl bis auf 1 EL abgießen.

KORIANDER, Knoblauch und Pfeffer kurz anbraten, Ingwer, Sternanis und Zimt hinzufügen und 1 Minute weiterbraten. Palmzucker, Fischsauce, Ketjap Manis und Hühnerbrühe zufügen und zum Kochen bringen. Die Haxe hinzufügen und 2 Stunden kochen, bis sich das Fleisch vom Knochen löst. Mit den Eiern weitere 10 Minuten kochen. Mit Salz würzen und mit Jasminreis servieren.

GESCHMORTES SCHWEINEFLEISCH

THAILAND KULINARISCH ENTDECKEN

NEUA HAENG
GETROCKNETES RINDFLEISCH

GETROCKNETES RINDFLEISCH

Korianderwurzeln von 1 Bund, fein gehackt
1 TL Kreuzkümmelsamen, geröstet
2 TL Koriandersamen, geröstet
4 Knoblauchzehen
1 TL weiße Pfefferkörner
2 EL Palmzucker
2 EL Sojasauce
350 g Rumpsteak, in dünne Scheiben geschnitten
Öl zum Frittieren
Klebreis (Seite 280), zum Servieren
Chilisauce zum Servieren

6 PORTIONEN

IM Mörser Koriander, Kreuzkümmelsamen, Koriandersamen, Knoblauch, Pfeffer und eine Prise Salz zu einer Paste verarbeiten. Palmzucker und Sojasauce unterrühren, bis sich der Zucker auflöst. Das Fleisch hinzufügen und mischen. Über Nacht im Kühlschrank marinieren.

DEN Ofen auf die niedrigste Stufe vorheizen. Die Steakstreifen aus der Marinade nehmen und über ein Drahtgestell legen. Die Fleischstreifen etwa 4 Stunden im Ofen trocknen. Am Ende sollten sie trocken und ledrig sein.

IST das Fleisch nicht knusprig, im Wok etwas Öl zum Frittieren erhitzen. Ein kleines Stück Fleisch in das Öl fallen lassen; wenn es sofort zischt, ist es heiß genug. Das Fleisch in Portionen knusprig frittieren, auf Küchenpapier abtropfen lassen. Mit Klebreis und Chilisauce servieren.

KAI YAANG
GEGRILLTES HUHN

Hühner am Spieß am Straßenrand

IN THAILAND WERDEN GANZE HÜHNER AM STRASSENRAND OFFEN AM SPIESS GEGRILLT. THAI-HÜHNER SIND MAGERER ALS DIE IM WESTEN, SCHMECKEN ABER ÄHNLICH. ES GIBT VIELE GEWÜRZVARIANTEN FÜR GEGRILLTES HUHN.

MARINADE
4 Korianderwurzeln, fein gehackt
4 Knoblauchzehen, fein gehackt
1 Stängel Zitronengras, nur das Weiße, fein gehackt
3 EL Fischsauce
1/4 TL gemahlener weißer Pfeffer
1 TL Palmzucker

1 Huhn, aufgeschnitten
süße Chilisauce (Seite 284), zum Servieren
Limonenspalten, zum Servieren

4 PORTIONEN

DIE Zutaten für die Marinade im Mörser zerstoßen und in eine Schüssel geben. Das Huhn rundum mit der Marinade einreiben. Abdecken und für mindestens 3 Stunden oder über Nacht in den Kühlschrank stellen.

DEN Grill auf starke Hitze vorheizen. Das Huhn 20 bis 30 Minuten grillen, dabei regelmäßig wenden.

DAS Huhn in Stücke schneiden und mit süßer Chilisauce und Limonenspalten servieren.

CURRYS

THAILAND KULINARISCH ENTDECKEN

KAENG PLAA KUP KLUAY LAI MAMUANG
SNAPPER MIT GRÜNER BANANE UND MANGO

GRÜNE BANANEN SIND SEHR STÄRKEHALTIG, EHER GEMÜSE ALS OBST. HIER WERDEN SIE MIT GRÜNER MANGO, DIE SAUER WIRKT, ZU EINEM GELBEN CURRY VERARBEITET. DAZU WIRD OFT ROHES GEMÜSE SERVIERT, UM DIE SCHÄRFE DER CHILIS AUSZUGLEICHEN.

Die Früchte gegen Ende der Garzeit zugeben.

Grüne Mangos

1 TL Salz
1 TL gemahlener Kurkuma
1 kleine grüne Banane oder Gemüsebananen, in dünne Scheiben geschnitten
60 ml dicke Kokosmilch (Seite 279)
2 EL gelbe Currypaste (Seite 275) oder fertige Paste
1 EL Fischsauce
1 TL Palmzucker
400 g Snapper oder weißes Fischfilet, in große Würfel geschnitten
315 ml dünne Kokosmilch (Seite 279)
1 kleine grüne Mango, in dünne Scheiben geschnitten
1 große grüne Chili, in dünne Ringe geschnitten
12 Blätter Anis-Basilikum

4 PORTIONEN

IN einem kleinen Topf Wasser aufkochen. Salz, Kurkuma und Bananenscheiben hinzufügen, 10 Minuten köcheln und abgießen.

DIE dicke Kokosmilch im Wok oder einem Topf bei mittlerer Hitze 5 Minuten köcheln, bis die Milch gerinnt und sich eine Ölschicht an der Oberfläche bildet. Wenn sie am Rand braun wird, umrühren. Die Currypaste gut unterrühren und kochen, bis sie duftet. Fischsauce und Zucker hinzugeben und weitere 2 Minuten kochen, bis die Mischung dunkler wird.

DIE Fischstücke hineingeben und umrühren, bis sie rundum mit Curry bedeckt sind. Langsam die Kokosmilch zugeben, bis alles aufgenommen ist.

BANANEN, Mango, Chili und die meisten Basilikumblätter zufügen und vorsichtig umrühren; 1 bis 2 Minuten weiter kochen. Mit dem restlichen Basilikum garnieren.

THAILAND KULINARISCH ENTDECKEN

KAENG PHANAENG KUNG
GARNELEN MIT ANIS-BASILIKUM

DIE SAUCE FÜR DIESES GERICHT SOLLTE DICK, HEISS UND SÜSS SEIN. DAZU MUSS DER WOK HEISS GENUG SEIN, DAMIT DIE KOKOSMILCH SOFORT REDUZIERT WIRD, WENN SIE HINEINKOMMT.

600 g rohe Garnelen
2 EL Pflanzenöl
2 EL trockene Currypaste
  (Seite 272) oder fertige Paste
185 ml dünne Kokosmilch
  (Seite 279)
2 TL Fischsauce, 2 TL Palmzucker
1 Handvoll Anis-Basilikum, zum
  Garnieren
1 lange rote Chili, entkernt, in dünne
  Ringe geschnitten, zum Garnieren

4 PORTIONEN

DIE Garnelen schälen und putzen, entlang der Rückseite aufschneiden (Vorderseite und Schwanz zusammenlassen).

DAS Öl in einem Topf oder Wok erhitzen, die trockene Currypaste bei mittlerer Hitze 2 Minuten unter Rühren anbraten, bis sie duftet.

KOKOSMILCH, Fischsauce und Palmzucker zugeben und einige Sekunden kochen. Die Garnelen hinzufügen und in einigen Minuten gar kochen. Abschmecken. In einer Schüssel mit Korianderblättern und Chilis verzieren.

KAENG KUNG
CURRY MIT GARNELEN UND ANANAS

WÜRZPASTE
4 Vogelaugenchilis, entkernt
6 Schalotten
2 Stängel Zitronengras, nur das
  Weiße, fein gehackt
½ TL Garnelenpaste
½ TL gemahlener Kurkuma

2 EL Öl
185 ml dünne Kokosmilch
  (Seite 279)
300 g frische Ananas, in kleine
  Spalten geschnitten
2 EL Tamarindenmus
3 Kaffirlimettenblätter
250 g rohe Garnelen, geschält,
  ohne Darm
2 TL Fischsauce
1 EL Palmzucker

4 PORTIONEN

DIE Zutaten für die Gewürzpaste im Mörser zerstoßen. Oder im Mixer mit 2 EL Wasser pürieren. Dabei gut mischen.

DAS Öl im Wok oder in einer Pfanne erhitzen. Die Gewürzpaste hinzugeben und anbraten, bis sie duftet. Die Kokosmilch einrühren und 2 Minuten kochen. Ananasspalten, Tamarindenmus und Limettenblätter hinzugeben und weitere 5 Minuten köcheln, bis die Ananas weich wird.

GARNELEN hinzufügen und gut mit der Sauce verrühren. In 5 bis 6 Minuten gar köcheln. Vor dem Servieren Fischsauce und Zucker unterrühren.

CURRY MIT GARNELEN UND ANANAS

GARNELEN MIT ANIS-BASILIKUM

THAILAND KULINARISCH ENTDECKEN

KAENG HANGLEH MUU
SCHWEINEFLEISCHCURRY CHIANG MAI

DIESER BURMESISCHE CURRY IST TYPISCH FÜR DIE REGION UM CHIANG MAI. IM GEGENSATZ ZU DEN DUFTENDEN THAI-CURRYS IST ER WÜRZIGER, FAST WIE IN INDIEN. ER ENTHÄLT HÄUFIG SCHWEINE-FLEISCH, GELEGENTLICH AUCH HUHN. DIESER CURRY LÄSST SICH GUT IM VORAUS ZUBEREITEN.

Wenn die Currypaste duftet, Fleisch, Schalotten, Ingwer und Erdnüsse einrühren.

500 g Schweinebauch, gewürfelt
2 EL Öl
2 Knoblauchzehen, zerdrückt
2 EL Chiang-Mai-Currypaste (Seite 272) oder fertige Paste
4 Schalotten, mit der Messerklinge zerdrückt
4 cm Ingwer, gehackt
4 EL geröstete Erdnüsse ohne Salz
3 EL Tamarindenmus
2 EL Fischsauce
2 EL Palmzucker

4 PORTIONEN

DIE Fleischwürfel 1 Minute in kochendem Wasser blanchieren, gut abtropfen lassen.

DAS Öl im Wok oder in einer Pfanne erhitzen und den Knoblauch 1 Minute anbraten. Die Currypaste hinzugeben und anbraten, bis sie duftet. Fleisch, Schalotten, Ingwer und Erdnüsse kurz unter-rühren. 500 ml Wasser und das Tamarindenmus hinzufügen und zum Kochen bringen.

FISCHSAUCE und Zucker hinzugeben und 1 ½ Stunden kochen, bis das Fleisch zart ist. Bei Bedarf mehr Wasser hinzugießen. Das Fleisch ist fertig, wenn es sehr zart ist.

Songathews und Tuktuks in Chiang Mai

KAENG MUU PHRIK THAI ORN
SCHWEINEFLEISCHCURRY MIT GRÜNEM PFEFFER

PFEFFERKÖRNER GEBEN DIESEM CURRY SEINEN TYPISCHEN, FRISCH-WÜRZIGEN, NICHT ZU SCHARFEN GESCHMACK. STATT SCHWEINEFLEISCH EIGNEN SICH AUCH IN SCHEIBEN GESCHNITTENE HÜHNERBEINE. GERN WERDEN GEKOCHTE BABYKARTOFFELN UND BAMBUSSPROSSEN DAZU GEGEBEN.

60 ml dicke Kokosmilch (Seite 279)
2 EL rote Currypaste (Seite 276) oder fertige Paste
3 EL Fischsauce
1½ EL Palmzucker
500 g mageres Schweinefleisch, in dünne Scheiben geschnitten
440 ml dünne Kokosmilch (Seite 279)
280 g Thai-Auberginen, halbiert oder geviertelt, oder 1 Aubergine, gewürfelt
75 g frische grüne Pfefferkörner, geputzt
7 Kaffirlimettenblätter, in zwei Teile gerissen
2 lange rote Chilis, entkernt, in dünne Ringe geschnitten, zum Garnieren

4 PORTIONEN

DIE dicke Kokosmilch im Wok oder einem Topf bei mittlerer Hitze 5 Minuten köcheln, bis die Milch gerinnt und sich eine Ölschicht an der Oberfläche bildet. Wenn sie am Rand braun wird, umrühren.

DIE Currypaste gut unterrühren und kochen, bis sie duftet. Fischsauce und Palmzucker hinzugeben und weitere 2 Minuten kochen, bis die Mischung dunkler wird. Das Fleisch hinzugeben und weitere 5 bis 7 Minuten unter Rühren braten.

DIE dünne Kokosmilch in den Topf oder Wok geben und 5 Minuten bei mittlerer Hitze köcheln lassen. Die Auberginen und Pfefferkörner hinzugeben und 5 Minuten kochen. Die Limettenblätter hinzufügen. Abschmecken. In eine Servierschüssel geben und mit den Chilis bestreuen.

THAILAND KULINARISCH ENTDECKEN

KAENG PAA
DSCHUNGELCURRY MIT GARNELEN

DSCHUNGELCURRY IST SEHR SCHARF UND WIRD VOR ALLEM AUF DEM LAND IN NORDTHAILAND GERN GEKOCHT. TRADITIONELL WIRD ER MIT WELS GEMACHT, EBENSO EIGNEN SICH ANDERE FISCHE ODER GARNELEN. ER KANN AUCH MIT SCHWEINEFLEISCH UND FRISCHEM GEMÜSE BEREITET WERDEN.

DSCHUNGELCURRYPASTE
8 Vogelaugenchilis, gehackt
2 cm Galgant, gehackt
2 Stängel Zitronengras, nur das Weiße, fein gehackt
4 Schalotten, fein gehackt
4 Knoblauchzehen, in dünne Scheiben geschnitten
½ TL Garnelenpaste

400 g rohe Garnelen
1 EL Öl
4 Maiskölbchen, der Länge nach schräg halbiert
75 g Thai-Auberginen, halbiert oder geviertelt
50 g Erbsen-Aubergine
50 g Strohpilze oder Champignons, große Pilze halbiert
1 EL Fischsauce
½ TL Palmzucker
2–3 Kaffirlimettenblätter, in Stücke gerissen, zum Garnieren
eine Handvoll Thai- oder Anis-Basilikum, zum Garnieren

4 PORTIONEN

DIE Zutaten für die Dschungelcurrypaste im Mörser glatt zerstoßen. Oder im Mixer mit 2 EL Wasser zu einer glatten Paste pürieren.

DIE Garnelen schälen und putzen, entlang der Rückseite aufschneiden (Vorderseite und Schwanz zusammenlassen).

DAS Öl im Wok oder in einer Pfanne erhitzen und 2 EL Currypaste unter Rühren anbraten, bis sie duftet. 410 ml Wasser hinzugießen und die Hitze auf Mittelhitze reduzieren. Maiskölbchen und Auberginen hinzugeben und 1 bis 2 Minuten kochen. Pilze, Garnelen, Fischsauce und Zucker hinzufügen. Kochen, bis die Garnelen sich öffnen und rosa werden. Abschmecken. Vor dem Servieren mit den Zitronen- und Basilikumblättern bestreuen.

Die Currypaste unter Rühren anbraten, um ihr Aroma hervorzuheben.

KAENG MATSAMAN NEUA
MASSAMANCURRY MIT RIND

DIESER CURRY ZEIGT VIELE ZÜGE DER SÜDTHAILÄNDISCHEN KÜCHE. SÜSSE UND WÜRZIGE AROMEN DOMINIEREN, DER CURRY IST JEDOCH NICHT ALLZU SCHARF. DIE TAMARINDE STEUERT EINEN LEICHT SAUREN GESCHMACK BEI. DIES IST EINES DER WENIGEN THAI-GERICHTE MIT KARTOFFELN.

2 Stücke Stangenzimt
10 Kardamomkörner
5 Nelken
2 EL Pflanzenöl
2 EL Massaman-Currypaste (Seite 276) oder fertige Paste
800 g Rinderflanke oder Rumpsteak, in 5 cm große Würfel geschnitten
410 ml dünne Kokosmilch (Seite 279)
250 ml Rindfleischbrühe
2–3 Kartoffeln, in 2,5 cm große Stücke geschnitten
2 cm Ingwer, gerieben
3 EL Fischsauce
3 EL Palmzucker
110 g geröstete, gesalzene Erdnüsse ohne Haut
3 EL Tamarindenmus

4 PORTIONEN

STANGENZIMT, Kardamom und Nelken im Wok oder Topf ohne Fett bei schwacher Hitze rösten. Die Gewürze etwa 2 bis 3 Minuten rühren, bis sie duften. Aus dem Topf nehmen.

DAS Öl im selben Topf oder Wok erhitzen, die Massaman-Paste bei mittlerer Hitze 2 Minuten unter Rühren anbraten, bis sie duftet.

DAS Fleisch hinzugeben und weitere 5 Minuten unter Rühren braten. Kokosmilch, Brühe, Kartoffeln, Ingwer, Fischsauce, Palmzucker, drei Viertel der Erdnüsse, Tamarindenmus und die gerösteten Gewürze hinzufügen. Bei schwacher Hitze 50 bis 60 Minuten köcheln, bis das Fleisch zart und die Kartoffeln gerade gar sind. Abschmecken. In einer Schüssel mit den restlichen Erdnüssen garnieren.

Händler im Boot

THAILAND KULINARISCH ENTDECKEN

KAENG PHANAENG NEUA
PANAENG-CURRY MIT RIND

PANAENG-CURRY IST EIN TROCKENER, GEHALTVOLLER CURRY MIT ETWAS KOKOSMILCH UND EINER TROCKENEN (PANAENG) CURRYPASTE AUS ROTEN CHILIS, ZITRONENGRAS, GALGANT UND ERDNÜSSEN. ER IST NICHT ZU SCHARF UND SÜSSSAUER. DAZU EIGNET SICH JEDES ZARTE STÜCK RIND.

2 EL Pflanzenöl
2 EL trockene Currypaste (Seite 272) oder fertige Paste
700 g Rinderflanke, in Streifen geschnitten
185 ml dünne Kokosmilch (Seite 279)
1 EL Fischsauce
1 EL Palmzucker
3 EL Tamarindenmus
2 Limettenblätter, in feine Streifen geschnitten, zum Garnieren
½ lange rote Chili, entkernt, in dünne Ringe geschnitten, zum Garnieren
Gurkenrelish (Seite 287), zum Servieren

4 PORTIONEN

DAS Öl in einem Topf oder Wok erhitzen, die Currypaste bei mittlerer Hitze 2 Minuten unter Rühren anbraten, bis sie duftet.

DAS Fleisch hinzugeben und 5 Minuten rühren. Fast die ganze Kokosmilch, die Fischsauce, den Palmzucker und das Tamarindenmus hinzufügen und bei schwacher Hitze weiterkochen. Aufgedeckt 5 bis 7 Minuten köcheln lassen. Dieser Curry soll zwar trocken sein, aber beim Kochen kann nach Geschmack noch etwas Wasser angegossen werden. Abschmecken.

DEN Curry in eine Servierschüssel füllen, die restliche Kokosmilch darüber gießen, mit Limettenblättern und Chiliringen garnieren. Mit Gurkenrelish servieren.

Wie viele Thai-Currys ist dieser relativ schnell fertig. Das Fleisch immer wieder umrühren, bis Flüssigkeit hinzukommt.

Betrieb in Bankok

KAENG KHIAW-WAAN KAI
GRÜNER CURRY MIT HUHN

DIESER KLASSIKER SOLLTE NICHT EXTREM SCHARF ZUBEREITET WERDEN. ER BERUHT AUF EINER PASTE AUS CHILI, GALGANT UND ZITRONENGRAS. BITTERE GEMÜSE WIE THAI-AUBERGINEN KONTRASTIEREN MIT DER SÜSSEN KOKOSMILCH. STATT HUHN EIGNET SICH AUCH ZARTES STEAK.

60 ml dicke Kokosmilch (Seite 279)
2 EL grüne Currypaste (Seite 275) oder fertige Paste
350 g gehäutetes Hühnerbeinfilet, in Scheiben geschnitten
440 ml dünne Kokosmilch (Seite 279)
2 ½ EL Fischsauce
1 EL Palmzucker
350 g Thai-Auberginen, geviertelt, und Pfirsich-Auberginen
50 g Galgant, in feine Stifte geschnitten
7 Kaffirlimettenblätter, in zwei Teile gerissen
1 Handvoll Anis-Basilikumblätter, zum Garnieren
1 lange rote Chili, entkernt, in dünne Ringe geschnitten, zum Garnieren

4 PORTIONEN

DIE dicke Kokosmilch im Wok oder einem Topf bei mittlerer Hitze 5 Minuten köcheln, bis die Milch gerinnt und sich eine Ölschicht an der Oberfläche bildet. Wenn sie am Rand braun wird, umrühren. Die Currypaste gut unterrühren und kochen, bis sie duftet.

DAS Fleisch hinzugeben und einige Minuten rühren. Fast die ganze Kokosmilch, die Fischsauce und den Palmzucker hinzufügen und weitere 5 Minuten bei mittlerer Hitze köcheln.

AUBERGINEN hinzugeben, weitere 5 Minuten kochen, dabei gelegentlich umrühren, bis das Gemüse gar ist. Galgant und Limettenblätter hinzufügen. Abschmecken. In eine Servierschüssel geben, die restliche Kokosmilch darübergießen, mit Basilikum und Chili garnieren.

Verschiedene Auberginenarten sind in Thailand sehr beliebt. Sie sind auch schnell gar.

THAILAND KULINARISCH ENTDECKEN

KAENG KARII KAI
GELBER CURRY MIT HUHN UND PFEFFERKÖRNERN

FRISCHE PFEFFERKÖRNER SIND AROMATISCH UND SCHARF UND BETONEN DAS AROMA ALLER CURRYS, DIE DAMIT GEWÜRZT WERDEN. DIE GANZEN ZWEIGE BITTE NICHT MITESSEN, DENN WIE DER FERTIGE PFEFFER SIND SIE ÄUSSERST SCHARF.

60 ml dicke Kokosmilch (Seite 279)
2 EL gelbe Currypaste (Seite 275)
   oder fertige Paste
1 EL Fischsauce
2 TL Palmzucker
¼ TL Kurkuma
600 g Hühnerbeinfilet, in dünne
   Scheiben geschnitten
440 ml dünne Kokosmilch
   (Seite 279)
100 g Bambussprossen, in dünne
   Ringe geschnitten
4 Zweige frische grüne Pfefferkörner
4–6 Kaffirlimettenblätter
12 Blätter Anis-Basilikum

4 PORTIONEN

DIE dicke Kokosmilch im Wok oder einem Topf bei mittlerer Hitze 5 Minuten köcheln, bis die Milch gerinnt und sich eine Ölschicht an der Oberfläche bildet. Wenn sie am Rand braun wird, umrühren.

DIE Currypaste gut unterrühren und kochen, bis sie duftet. Fischsauce, Palmzucker und Kurkuma unterrühren.

DAS Fleisch hineingeben und umrühren, bis es gleichmäßig mit der Gewürzmischung bedeckt ist. Bei mittlerer Hitze 5 Minuten kochen, gelegentlich umrühren, die Kokosmilch esslöffelweise hinzugeben. Bambus, Pfeffer, Limettenblätter und Basilikum hinzufügen und weitere 5 Minuten kochen.

Garnelenpaste auf dem Markt

KAENG PHET PLA KUP NAW MAI
ROTER CURRY MIT FISCH UND BAMBUSSPROSSEN

ES GIBT GESCHMACKLICH VIELE VERSCHIEDENE ROTE CURRYS IN THAILAND. ROTE CURRYS SIND, IM VERGLEICH ZU TROCKENEN CURRYS WIE PANAENG, EHER FLÜSSIG. DAFÜR EIGNEN SICH FESTE FISCHSORTEN, DIE NICHT ZERFALLEN, WIE ZUM BEISPIEL WELS.

Den Fisch in mundgerechte Stücke, die Bambussprossen in dünne Stifte schneiden.

60 ml dicke Kokosmilch (Seite 279)
2 EL rote Currypaste (Seite 276) oder fertige Paste
440 ml dünne Kokosmilch (Seite 279)
1 ½–2 EL Palmzucker
3 EL Fischsauce
350 g festes weißes Fischfilet, gehäutet, in 3 cm große Würfel geschnitten
275 g Bambussprossen (Dose), abgetropft, in dünne Stifte geschnitten
50 g Galgant, in feine Scheiben geschnitten
5 Kaffirlimettenblätter, in zwei Teile gerissen
1 Handvoll Anis-Basilikumblätter, zum Garnieren
1 lange rote Chili, entkernt, in dünne Ringe geschnitten, zum Garnieren

4 PORTIONEN

DIE dicke Kokosmilch im Wok oder einem Topf bei mittlerer Hitze 5 Minuten köcheln, bis die Milch gerinnt und sich eine Ölschicht an der Oberfläche bildet. Wenn sie am Rand braun wird, umrühren. Die Currypaste gut unterrühren und kochen, bis sie duftet.

KOKOSMILCH einrühren, dann Zucker und Fischsauce 2 bis 3 Minuten kochen lassen. Den Fisch und die Bambussprossen hinzugeben und 5 Minuten köcheln, bis der Fisch gar ist; gelegentlich umrühren.

GALGANT und Limettenblätter hinzufügen. Abschmecken. Auf eine Servierplatte geben und mit Basilikum und Chili verzieren.

THAILAND KULINARISCH ENTDECKEN

KAENG PHET PET YAANG
ROTER CURRY MIT ENTE UND LITSCHIS

IN THAILAND WIRD DIESE SPEZIALITÄT OFT BEI TRADITIONELLEN FESTESSEN SERVIERT, WIE DER ORDINATION BUDDHISTISCHER MÖNCHE, EINER HOCHZEIT ODER ZU NEUJAHR. ES IST SEHR GEHALTVOLL UND SOLLTE MIT EINEM SALAT SERVIERT WERDEN, DER DIE SAUCE WIEDER AUSGLEICHT.

Dieser Curry mit Kokosmilch, Ente und Obst ist sehr gehaltvoll. Die Litschis nur einige Minuten mitkochen.

60 ml dicke Kokosmilch (Seite 279)
2 EL rote Currypaste (Seite 276) oder fertige Paste
½ gebratene Ente, entbeint und gehackt
440 ml dünne Kokosmilch (Seite 279)
2 EL Fischsauce
1 EL Palmzucker
225 g Litschis (Dose), abgetropft
110 g Babytomaten
7 Kaffirlimettenblätter, in zwei Teile gerissen
1 Handvoll Anis-Basilikumblätter, zum Garnieren
1 lange rote Chili, entkernt, in dünne Ringe geschnitten, zum Garnieren

4 PORTIONEN

DIE dicke Kokosmilch im Wok oder einem Topf bei mittlerer Hitze 5 Minuten köcheln, bis die Milch gerinnt und sich eine Ölschicht an der Oberfläche bildet. Wenn sie am Rand braun wird, umrühren. Die Currypaste gut unterrühren und kochen, bis sie duftet.

DAS Fleisch hinzugeben und 5 Minuten rühren. Kokosmilch, Fischsauce und Palmzucker hinzufügen und weitere 5 Minuten bei mittlerer Hitze köcheln. Litschis und Babytomaten hinzugeben und 1 bis 2 Minuten kochen. Die Limettenblätter hinzufügen. Abschmecken. In einer Servierschüssel mit Basilikum und Chili verzieren.

KAENG KUNG MANGKAWN
WÜRZIGER CURRY MIT HUMMER UND ANANAS

DIESER ROTE CURRY WIRD DURCH DEN HUMMER ZWAR ETWAS KOSTSPIELIG, EIGNET SICH ABER HERVORRAGEND FÜR BESONDERE ANLÄSSE. GARNELEN ODER KREBSHÄLFTEN PASSEN EBENSO GUT DAZU. DIE SAUCE KANN AUCH EINZELN ZU GEGRILLTEN HUMMERHÄLFTEN SERVIERT WERDEN.

Wird die Mischung dunkler, die Ananasstücke hinzufügen.

60 ml dicke Kokosmilch (Seite 279)
2 EL rote Currypaste (Seite 276) oder fertige Paste
1 EL Fischsauce
1 EL Palmzucker
250 ml dünne Kokosmilch (Seite 279)
200 g frische Ananas, in mundgerechte Spalten geschnitten
300 g Hummerschwanz
3 Kaffirlimettenblätter, 2 in Stücke gerissen, 1 gehackt
1 EL Tamarindenmus
50 g Anis-Basilikumblätter, zum Garnieren
1 lange rote Chili, entkernt, in dünne Ringe geschnitten, zum Garnieren

4 PORTIONEN

DIE dicke Kokosmilch im Wok oder einem Topf bei mittlerer Hitze 5 Minuten köcheln, bis die Milch gerinnt und sich eine Ölschicht an der Oberfläche bildet. Wenn sie am Rand braun wird, umrühren.

DIE Currypaste gut unterrühren und kochen, bis sie duftet. Fischsauce und Zucker unterrühren und 4 bis 5 Minuten kochen, dabei ständig rühren. Die Mischung sollte dunkler werden.

KOKOSMILCH und Ananas einrühren und 6 bis 8 Minuten köcheln, bis die Ananas weich wird. Hummerschwänze, Limettenblätter, Tamarindenmus und Basilikum zufügen. Weitere 5 bis 6 Minuten kochen, bis der Hummer fest wird. Mit Basilikum und Chili bestreut servieren.

Strände im Nationalpark Khao Sok

THAILAND KULINARISCH ENTDECKEN

KAENG KHIAW-WAAN LUUK CHIN PLA
GRÜNER CURRY MIT FISCHBÄLLCHEN

ZU DIESEM KLASSISCHEN GERICHT GEHÖREN FISCHBÄLLCHEN ODER -KLÖSSCHEN; AUCH IN STREIFEN GESCHNITTENER FISCH EIGNET SICH GUT. DER FISCH WIRD GEMAHLEN UND DANN ZERSTOSSEN, UM EINE BESSERE STRUKTUR ZU ERHALTEN. MIT GESALZENEN EIERN UND REIS SERVIEREN.

Den Fisch mit nassen Händen zu Kugeln rollen. Alle gleichzeitig in den Curry geben, damit sie gleichmäßig garen.

350 g weißes Fischfilet, gehäutet und entgrätet, in Stücke geschnitten
60 ml dicke Kokosmilch (Seite 279)
2 EL grüne Currypaste (Seite 275) oder fertige Paste
440 ml dünne Kokosmilch (Seite 279)
350 g gemischte Thai-Auberginen, geviertelt, und 50 g Erbsen-Auberginen
2 EL Fischsauce
2 EL Palmzucker
50 g Galgant, in feine Scheiben geschnitten
3 Kaffirlimettenblätter, in zwei Teile gerissen
1 Handvoll Thai-Basilikum, zum Garnieren
½ lange rote Chilli, entkernt, in dünne Ringe geschnitten, zum Garnieren

4 PORTIONEN

IM Mixer das Fischfilet zu einer glatten Paste verarbeiten. (Die Paste eventuell mit dem Mörser weitere 10 Minuten zerstoßen, sodass sie bissfester wird.)

DIE dicke Kokosmilch im Wok oder in einem Topf bei mittlerer Hitze 5 Minuten köcheln, bis die Milch gerinnt und sich eine Ölschicht an der Oberfläche bildet. Wenn sie am Rand braun wird, umrühren. Die Currypaste gut unterrühren und kochen, bis sie duftet. Fast die ganze Kokosmilch gut unterrühren.

MIT einem Löffel oder feuchten Händen Bällchen oder Scheiben von 2 cm Durchmesser aus der Fischpaste formen und in den Wok geben. Auberginen, Fischsauce und Zucker hinzugeben und 12 bis 15 Minuten kochen, bis Fisch und Auberginen gar sind; gelegentlich umrühren.

GALGANT und Limettenblätter hinzufügen. Abschmecken. In einer Servierschüssel mit der restlichen Kokosmilch übergießen und mit Basilikum und Chili garnieren.

CURRY PASTEN *(khreuang kaeng)* werden zu Hause im Granitmörser hergestellt. Trocken geröstete Korianderkörner, schwarzer Pfeffer und Kreuzkümmel sind die Grundlage. Sie werden zunächst fein vermahlen. Dann werden die frischen Zutaten vorbereitet, hier von Sompon Nabnian: ganze grüne »himmelwärts« gerichtete Chilis, gehackter Galgant, in Scheiben geschnittenes Zitronengras und Anis-Basilikum (ohne

GEWÜRZE

DIE THAI-KÜCHE BERUHT AUF EINER VIELZAHL KRÄFTIG AROMATISCHER ZUTATEN. TROTZ IHRER VERSCHIEDENHEIT WERDEN SIE ZU RAFFINIERTEN, FEIN AUSGEWOGENEN MISCHUNGEN KOMBINIERT.

Currypasten enthalten oft trockene Gewürze, doch die meisten Thai-Gewürze sind frisch. Sie bestimmen den typischen Thai-Geschmack und verleihen den Gerichten mehr Biss. Die harmonische Mischung der Geschmacksrichtungen scharf, sauer, süß und salzig ist sehr wichtig, ebenso wie der Duft.

SCHARF *(phed)* Die Schärfe stammt fast immer von Chilis, die manchmal von frischen Pfefferkörnern, schwarzem oder weißem Pfeffer unterstützt werden. In der Thai-Küche gibt es etwa zwölf verschiedene Chilis mit jeweils eigenem Aroma, Geschmack und Schärfegrad (siehe Seite 174). Je nach Rezept sind sie frisch oder getrocknet.

SAUER *(priaw)* Säure stammt von Limettensaft, der Schale und den Blättern der Kaffir-Limette, Tamarinde oder seltener Ambarella (einer südostasiatischen Frucht, die an eine kleine Mango erinnert).

SÜSS *(waan)* Süße wird mit Palm-, Kokos- oder Rohrzucker und Kokosmilch erreicht.

SALZIG *(khem)* Fischsauce und Garnelenpaste machen ein Gericht salziger. Salz selbst wird zwar als Zutat verwendet, aber nicht als alleiniges Gewürz, außer bei frischem Obst.

FERTIG-CURRYPASTEN Diese Pasten, hier in der Fabric Valcom, werden ebenso hergestellt wie zu Hause, nur in größerem Maßstab. Frische Zutaten wie Knoblauch, Schalotten, Ingwer, Galgant, Chili und Zitronengras werden geschält und gewaschen, in einer großen Schüssel gemischt und in ein Mahlwerk geschüttet. Die Paste wird zwei- bis dreimal gemahlen. Das richtet sich nach der Marke. Mit jedem

Stängel). Die frischen Zutaten werden mit etwas Garnelenpaste, Korianderwurzel, Knoblauch, Kaffir-Limettenschale und Tamarinde im Mörser etwa 15 Minuten lang zu einer glatten Paste zerstoßen. Von Hand gestoßene Currypaste schmeckt intensiver als maschinell hergestellte, denn die Zutaten werden eher zerdrückt als gehackt. Ein schwerer Mörser aus Granit erleichtert die Arbeit.

DUFT

Das Aroma verschiedener Kräuter, Gemüse, Knollen und Blätter gibt thailändischen Gerichten ihren eigenen Charakter. Robuste Kräuter und Wurzeln wie Zitronengras, Ingwer, Galgant, Kurkuma, Krachai und Korianderwurzeln werden zu Pasten verarbeitet und können einige Zeit mitgekocht werden. Knoblauch und Schalotten sind ebenfalls wichtig. Sie werden oft einfach mit der Messerklinge zerdrückt statt geschält und fein gehackt. Auch Blattkräuter wie Koriander, Anis-Basilikum, Limettenblätter, Thai-Basilikum und Minze sind häufig. Weniger oft kommt z. B. langblättriger Koriander *(phak chii)* vor. Diese Kräuter sind roh oder kaum gekocht besonders aromatisch. Frische Kräuterzweige, etwa Minze *(sa-ra-nae)* und Thai-Basilikum, werden auch als Beilage zu manchen Gerichten gegessen. Duftende Pandanusblätter eignen sich als Verpackung und Würze. Sie sollen nach Vanille schmecken und Pandanus-Essenz wird für manche Süßspeisen wie Vanille-Essenz verwendet.

Mahlgang wird die Paste feiner. Nach dem Pasteurisieren wird sie in sterilisierte Gläser abgefüllt und etikettiert. Fertig-Currypaste wie diese wird meist ins Ausland verkauft, manche Sorten werden auch in Thailand verwendet, vor allem da die Supermärkte dem Straßenmarkt langsam den Rang ablaufen. Valcom stellt rote, grüne, Massaman- und Tom-yam-Pasten her.

THAILAND KULINARISCH ENTDECKEN

CHILIS *(phrik)* Fast ein Dutzend Sorten spielen in der Thai-Küche eine Rolle, obwohl die Pflanze in der Region gar nicht heimisch ist. Chilis geben dem Gericht Farbe und Aroma. Unten von links nach rechts: rote Chilis *(phrik chinda)*, die nach ihrer Herkunftsregion benannt sind; grüne und rote Vogelaugenchilis *(phrik khii nuu)*, die schärfste in Thailand erhältliche Sorte; »himmelweisende« Chilis *(phrik chii faa)*, rot und grün, werden frisch oder getrocknet verwendet; orange Chilis *(phrik leuang)* sind selten und schmecken sauer und scharf.

THAILAND KULINARISCH ENTDECKEN

TOM-YAM-GEWÜRZE Gewürze werden häufig in Portionsbündeln verkauft, die für ein bestimmtes Gericht zusammengestellt wurden, hier für Tom-Yam-Suppe.

GALGANT *(Khaa)* Rhizom mit scharf pfeffrigem Geschmack. Junger Galgant kann roh gegessen werden. Ältere Stücke eignen sich besser für Currypaste.

KORIANDER *(Phak chii)* wird bündelweise mit der Wurzel verkauft. Alle Pflanzenteile, Wurzeln, Stängel und Blätter, werden verwendet.

KURKUMA *(Kha-min)* Es gibt drei Arten Kurkuma: roten (oben), Zetwerwurzel und weißen. Die ersten beiden werden mitgekocht, der weiße wird roh gegessen.

LIMETTENBLÄTTER *(bai makrut)* Kaffir-Limetten haben doppelte Blätter. Blätter und knubbelige Schale werden in der Küche verwendet, der bittere Saft nicht.

SCHALOTTEN *(hawm)* Diese winzigen roten Schalotten sind in der Thai-Küche allgegenwärtig. Sie werden oft nur, mit der Messerklinge zerdrückt, verwendet.

THAI-BASILIKUM *(bai ka-phrao)* Diese Basilikumart schmeckt scharf und blüht weiß (oben) oder rot. Sie wird zu Meeresfrüchten und Pfannengerührtem gegeben.

ZITRONENGRAS *(ta-khrai)* Von diesem beliebten Gewürz sollte nur das zarte Innere der Stängel verwendet werden. Bis auf den violetten Ring abschälen.

ZITRONENBASILIKUM *(bai maeng-lak)* Die seltene Basilikumart wird für Suppen und Fischcurrys verwendet. Sie hat zarte Blätter.

TAMARINDE *(ma-khaam)* Hier die Hülse; häufig als faseriges Mus im Handel; das eingeweicht wird, sodass sich eine scharfe Flüssigkeit absetzt.

KNOBLAUCH *(kra-tiam)* Thai-Knoblauch ist milder, süßer und kleiner als europäischer und wird oft knusprig frittiert zum Garnieren verwendet.

ANIS-BASILIKUM *(Bai horapha)* Das Kraut wird für Currys und Suppen verwendet und hat ein intensives Anisaroma, das als typisch thailändisch gilt.

PFANNENGERÜHRTES

THAILAND KULINARISCH ENTDECKEN

NEUA PHAT BAI HOHRAPHA
RINDFLEISCH MIT ANIS-BASILIKUM

ANIS-BASILIKUM IST EIN TROPISCHES KRAUT, DESSEN DUFT UND GESCHMACK FÜR DIE THAI-KÜCHE CHARAKTERISTISCH IST. IN DIESEM REZEPT KANN ES DURCH NICHTS ERSETZT WERDEN. DER WOK SOLLTE SEHR HEISS SEIN, SODASS DAS GERICHT IN HÖCHSTENS 7 BIS 8 MINUTEN GAR WIRD.

1 EL Fischsauce
3 EL Austernsauce
4 EL Gemüse- oder Hühnerbrühe oder Wasser
½ TL Zucker
2 EL Pflanzenöl
4 Knoblauchzehen, fein gehackt
3 Vogelaugenchilis, leicht mit der Messerklinge zerdrückt
500 g mageres Rump- oder Filetsteak, in dünne Scheiben geschnitten
1 mittelgroße Zwiebel, in schmale Spalten geschnitten
2 Handvoll Anis-Basilikum

4 PORTIONEN

IN einer kleinen Schüssel Fischsauce, Austernsauce, Brühe und Zucker mischen.

DAS Öl im kleinen Wok oder einer Pfanne erhitzen, die Hälfte des Knoblauchs bei mittlerer Hitze unter Rühren goldbraun braten. Die Hälfte der zerdrückten Chilis und des Fleisches zugeben, bei starker Hitze unter Rühren 2 bis 3 Minuten braten, bis das Fleisch gar ist. Aus dem Wok nehmen und mit der zweiten Hälfte der Zutaten wiederholen. Alles Fleisch in den Wok zurückgeben.

ZWIEBEL und Fischsauce hinzufügen und eine weitere Minute unter Rühren braten.

DAS Basilikum hinzugeben und anbraten, bis es welk wird. Abschmecken. Auf einer Platte servieren.

Markt in Warorot

THAILAND KULINARISCH ENTDECKEN

PHAT NEUA TAO JIAW DAM
RINDFLEISCH MIT BRAUNER SAUCE

VON DIESEM CHINESISCHEN GERICHT GIBT ES IN THAILAND MEHRERE VARIANTEN. HIER WIRD ES MIT SPARGELBOHNEN UND RINDFLEISCH ZUBEREITET. FERMENTIERTE SOJABOHNEN WERDEN IN CHINESISCHEN SPEZIALITÄTENGESCHÄFTEN IM GLAS VERKAUFT.

1 EL fermentierte Sojabohnen, abgespült und grob zerdrückt
3 EL Gemüse- oder Hühnerbrühe oder Wasser
1 EL Fischsauce
1 EL Austernsauce
1 EL Sesamöl
½ TL Zucker
1 EL Pflanzenöl
3–4 Knoblauchzehen, fein gehackt
250 g mageres Rump- oder Filetsteak, in dünne Scheiben geschnitten
½ kleine Möhre, fein gestiftet
4 Spargelbohnen, in 5 cm lange Stücke geschnitten
2 Frühlingszwiebeln, in 2,5 cm lange Stücke geschnitten
einige Korianderblätter, zum Garnieren

4 PORTIONEN

IN einer kleinen Schüssel fermentierte Sojabohnen, Brühe, Fischsauce, Austernsauce, Sesamöl und Zucker mischen.

DAS Öl im Wok oder in einer Pfanne erhitzen, die Hälfte des Knoblauchs bei mittlerer Hitze unter Rühren goldbraun braten. Die Hälfte des Fleisches zugeben, bei mittlerer Hitze unter Rühren 3 bis 4 Minuten braten, bis das Fleisch gar ist. Aus dem Wok nehmen. Mit dem restlichen Knoblauch und Fleisch wiederholen. Alles zurück in den Wok legen.

MÖHRE, Bohnen und Sauce in den Wok geben und weitere 1 bis 2 Minuten unter Rühren braten. Abschmecken. Die Frühlingszwiebeln einrühren und einige Sekunden kochen. Auf einer Servierplatte mit Koriander garnieren.

Die Sojabohnen mit Brühe, Saucen, Öl und Zucker mischen.

THAILAND KULINARISCH ENTDECKEN

KAI PHAT BAI KA-PHRAO
HUHN MIT KNUSPRIGEM THAI-BASILIKUM

DIES IST EINS DER AM WEITESTEN VERBREITETEN GERICHTE IN THAILAND. THAI-BASILIKUM GIBT ES IN ROT UND GRÜN. ES SCHMECKT SCHARF UND ETWAS SCHNEIDEND; IN PFANNENGERÜHRTEN GERICHTEN WIRD ES OFT MIT CHILI KOMBINIERT. MIT REICHLICH REIS SERVIEREN.

500 g gehäutetes Hühnerbrustfilet, in dünne Scheiben geschnitten
4–5 Knoblauchzehen, fein gehackt
4–5 kleine rote oder grüne Vogelaugenchilis, leicht zerdrückt
1 EL Fischsauce
2 EL Austernsauce
Pflanzenöl zum Frittieren
2 Handvoll Thai-Basilikum
2 EL Gemüse- oder Hühnerbrühe oder Wasser
½ EL Zucker
1 rote Paprika, in mundgerechte Stücke geschnitten
1 mittelgroße Zwiebel, in schmale Spalten geschnitten

4 PORTIONEN

IN einer Schüssel Huhn, Knoblauch, Chilis, Fischsauce und Austernsauce mischen. Mit Folie abdecken und mindestens 30 Minuten im Kühlschrank marinieren.

BEI mittlerer Hitze 5 cm Öl im Wok oder in einer Pfanne erhitzen. Wenn das Öl heiß ist, einige Basilikumblätter hineingeben. Wenn es sofort zischt, ist das Öl heiß genug. Drei Viertel der Basilikumblätter in 1 Minute knusprig frittieren Mit einem Schaumlöffel herausnehmen und auf Küchenpapier abtropfen lassen. Das restliche Öl abgießen.

IM selben Wok 2 EL Öl erhitzen, die Hälfte des Fleisches bei starker Hitze unter Rühren 3 bis 4 Minuten braten. Aus dem Wok nehmen und mit dem restlichen Fleisch wiederholen. Alles Fleisch zurück in den Wok legen.

BRÜHE und Zucker in den Wok gießen, dann Paprika und Zwiebel hineinrühren und 1 bis 2 Minuten unter Rühren braten. Die frischen Basilikumblätter unterrühren. Abschmecken. Mit den frittierten Basilikumblättern garnieren.

Schwimmender Markt in Damnoen

THAILAND KULINARISCH ENTDECKEN

KAI PHAT MET MUANG HIMAPHAAN
HUHN MIT CASHEWNÜSSEN

DIESES BELIEBTE GERICHT IST TYPISCH CHINESISCH, WIRD ABER IN VIELEN THAI-RESTAURANTS ANGEBOTEN. DIE CASHEWNÜSSE SIND IN DER TAT EINE THAILÄNDISCHE ZUTAT. WERDEN DIE NÜSSE SEPARAT GERÖSTET, VERSTÄRKT DAS IHR AROMA UND GIBT DEM GANZEN EINEN NUSSIGEN GESCHMACK.

1–2 getrocknete, lange rote Chilis
1 EL Fischsauce
2 EL Austernsauce
3 EL Gemüse- oder Hühnerbrühe oder Wasser
½–1 TL Zucker
4 EL Pflanzenöl
80 g Cashewnüsse
4–5 Knoblauchzehen, fein gehackt
500 g gehäutetes Hühnerbrustfilet, in dünne Scheiben geschnitten
½ rote Paprika, in dünne Streifen geschnitten
½ Möhre, schräg in Scheiben geschnitten
1 kleine Zwiebel, in 6 Spalten geschnitten
2 Frühlingszwiebeln, in 1 cm lange Stücke geschnitten
gemahlener weißer Pfeffer, zum Bestreuen

4 PORTIONEN

DIE Stiele der getrockneten Chilis abschneiden, die Schoten mit dem Messer oder der Schere in 1 cm lange Stücke schneiden, die Samen herausnehmen.

IN einer kleinen Schüssel Fischsauce, Austernsauce, Brühe und Zucker mischen.

BEI mittlerer Hitze das Öl im Wok erhitzen, die Cashewnüsse in 2 bis 3 Minuten unter Rühren goldbraun braten. Mit einem Schaumlöffel herausnehmen und auf Küchenpapier abtropfen lassen.

DIE Chilis im selben Öl bei mittlerer Hitze 1 Minute unter Rühren anbraten. Sie sollten dunkler, aber nicht schwarz werden. Mit dem Schaumlöffel aus dem Öl nehmen.

DAS Öl nochmal erhitzen, die Hälfte des Knoblauchs bei mittlerer Hitze unter Rühren goldbraun braten. Die Hälfte des Fleisches zugeben, bei starker Hitze unter Rühren 4 bis 5 Minuten braten, bis es gar ist. Aus dem Wok nehmen und mit der zweiten Hälfte der Zutaten wiederholen. Alles Fleisch in den Wok geben.

PAPRIKA, Möhre, Zwiebel und Sauce in den Wok geben und 1 bis 2 Minuten unter Rühren braten. Abschmecken.

CASHEWNÜSSE, Chilis und Frühlingszwiebeln gründlich unterheben. Mit gemahlenem Pfeffer bestreuen.

Wat Saen Fang in Chiang Mai

THAILAND KULINARISCH ENTDECKEN

PHAT THALEH
GEMISCHTE MEERESFRÜCHTE MIT CHILI

DIE VOGELAUGENCHILIS MACHEN DIESES GERICHT SCHON RECHT SCHARF; WER ES NOCH SCHÄRFER MAG, GIBT EINIGE SCHOTEN MEHR DAZU. MIT REICHLICH JASMINREIS UND EINEM KOKOS-CURRY SERVIEREN, UM DIE SCHÄRFE ETWAS ZU MILDERN.

450 g gemischte Meeresfrüchte wie Garnelen, Tintenfische und Kammmuscheln
2 EL Pflanzenöl
3–4 Knoblauchzehen, fein gehackt
1 grüne Paprika, in mundgerechte Stücke geschnitten
1 kleine Zwiebel, in dünne Scheiben geschnitten
5 Spargelbohnen, in 2,5 cm lange Stücke geschnitten
1 cm Ingwer, fein gerieben
4 Vogelaugenchilis, leicht zerdrückt
1 EL Austernsauce
½ EL helle Sojasauce
¼ TL Zucker
1 lange rote Chili (nach Geschmack), entkernt, schräg in Ringe geschnitten
1–2 Frühlingszwiebeln, in dünne Ringe geschnitten
einige Basilikum- oder Korianderblätter, zum Garnieren

4 PORTIONEN

DIE Garnelen schälen und putzen, entlang der Rückseite aufschneiden (Vorderseite und Schwanz zusammenlassen). Den Tintenfisch häuten und die Innenseite ausspülen. Halbieren und die Hälften öffnen. Die Innenseite schräg einschneiden, sodass ein Karomuster entsteht, dann in Würfel schneiden. Darm, Häute oder hartes weißes Fleisch von den Kammmuscheln entfernen. Sie können ganz bleiben, große Exemplare eventuell halbieren.

DAS ÖL im Wok oder einer Pfanne erhitzen, den Knoblauch bei mittlerer Hitze unter Rühren goldbraun braten. Paprika, Zwiebel, Bohnen, Ingwer und Chilis hinzugeben und 1 Minute unter Rühren braten.

ERST die Garnelen, dann die Muscheln und schließlich den Tintenfisch hinzufügen und einzeln gründlich unterheben. Austernsauce, Sojasauce und Zucker hinzugeben und 2 bis 3 Minuten unter Rühren braten, bis die Garnelen sich öffnen und rosa werden und die Meeresfrüchte gar sind.

CHILIS und Frühlingszwiebeln unterheben. Abschmecken. Auf einer Servierplatte mit Basilikum- oder Korianderblättern garnieren.

Mangroven in Phang-nga

THAILAND KULINARISCH ENTDECKEN

KAI PHAT NAAM JIM PHRIK
HUHN MIT CHILIGELEE

CHILIGELEE ODER GERÖSTETE CHILIPASTE WIRD ALS WÜRZSAUCE ODER ZUTAT FÜR VERSCHIEDENE GERICHTE VERWENDET. HIER GIBT ES EIN KOMPLEXERES, SÜSSES CHILIAROMA ALS EINFACHE SCHOTEN. ERST EINE KLEINE MENGE ZUGEBEN, DANN ABSCHMECKEN UND BEI BEDARF WEITER WÜRZEN.

Die Sauce vor dem Kochen anrühren, dann kann sie bei Bedarf angegossen werden.

2 TL Fischsauce
2 EL Austernsauce
60 ml dünne Kokosmilch (Seite 279)
½ TL Zucker
2 ½ EL Pflanzenöl
6 Knoblauchzehen, fein gehackt
1–1 ½ EL Chiligelee (Seite 283), nach Geschmack
500 g gehäutetes Hühnerbrustfilet, in dünne Scheiben geschnitten
1 Handvoll Thai-Basilikum
1 lange rote oder grüne Chili, entkernt, in dünne Ringe geschnitten, zum Garnieren

4 PORTIONEN

IN einer kleinen Schüssel Fischsauce, Austernsauce, Kokosmilch und Zucker mischen.

DAS Öl in einem Wok oder einer Pfanne erhitzen, die Hälfte des Knoblauchs bei mittlerer Hitze unter Rühren goldbraun braten. Die Hälfte des Chiligelees hinzugeben, weitere 2 Minuten braten, bis es duftet. Die Hälfte des Fleisches hinzugeben und bei starker Hitze 2 bis 3 Minuten unter Rühren braten. Aus dem Wok nehmen. Mit dem restlichen Knoblauch, Chiligelee und Fleisch wiederholen. Alles zurück in den Wok geben.

DIE Fischsauce in den Wok gießen und einige Sekunden weiter braten, bis das Fleisch gar ist. Abschmecken. Das Basilikum unterrühren. Mit Chiliringen garnieren.

Salz aus dem Golf von Thailand

THAILAND KULINARISCH ENTDECKEN

HET PHAT TAO-HUU
PILZE MIT TOFU

TOFU UND PILZE WERDEN IN CHINESISCHEN GERICHTEN GERN KOMIBINIERT, ABER AUCH IN DIESER THAI-SPEZIALITÄT. DER WEICHE, MILDE TOFU KONTRASTIERT MIT DEM AROMA UND DER STRUKTUR DER PILZE. DEN BESTEN GESCHMACK HABEN DIE HIER ANGEGEBENEN PILZSORTEN.

350 g fester Tofu
1 TL Sesamöl
2 TL helle Sojasauce
¼ TL gemahlener schwarzer Pfeffer und etwas zum Bestreuen
1 EL fein gehackter Ingwer
5 EL Gemüsebrühe oder Wasser
2 EL helle Sojasauce
2 TL Maismehl
½ TL Zucker
1½ EL Pflanzenöl
2 Knoblauchzehen, fein gehackt
200 g Austernpilze, ohne Stiele, große Exemplare halbiert
200 g Shiitake-Pilze, ohne Stiele
2 Frühlingszwiebeln, schräg in Scheiben geschnitten
1 lange rote Chili, entkernt, in dünne Ringe geschnitten, zum Garnieren

2 PORTIONEN

DIE Tofublöcke abtropfen lassen und in 2,5 cm große Stücke schneiden. In eine flache Schale legen, mit Sesamöl und Sojasauce beträufeln und mit Pfeffer und Ingwer bestreuen. 30 Minuten marinieren.

IN einer kleinen Schüssel die Brühe mit Sojasauce, Maismehl und Zucker glattrühren.

DAS Öl im Wok oder einer Pfanne erhitzen, den Knoblauch bei mittlerer Hitze unter Rühren goldbraun braten. Die Pilze zugeben und unter Rühren 3 bis 4 Minuten braten, bis sie gar sind. Die Maismehlpaste hinzufügen, dann die Tofustücke und 1 bis 2 Minuten vorsichtig mischen. Abschmecken.

AUF einer Servierplatte mit Frühlingszwiebeln, Chiliringen und gemahlenem Pfeffer garnieren.

Pilze und Tofu in gleich große Stücke schneiden, damit sie im Wok gleichmäßig garen.

Glockenläuten in Wat Phra

THAILAND KULINARISCH ENTDECKEN

MUU PHAT KHING
SCHWEINEFLEISCH MIT INGWER

HIER WIRD DIE CHINESISCHE TRADITION MIT EINEM HAUCH THAI-AROMA KOMBINIERT, DURCH DIE FISCHSAUCE. ES SOLLTE MIT ZARTEM, JUNGEM INGWER MIT DURCHSCHEINENDER SCHALE ZUBEREITET WERDEN. DAS GERICHT IST AM BESTEN, WENN ES NACH INGWER SCHMECKT.

15 g getrocknete Shiitake-Pilze (eine halbe Hand voll)
1 EL Fischsauce
1 1/2 EL Austernsauce
4 EL Gemüse- oder Hühnerbrühe oder Wasser
1/2 TL Zucker
2 EL Pflanzenöl
3–4 Knoblauchzehen, fein gehackt
500 g mageres Schweinefleisch, in dünne Scheiben geschnitten
25 g Ingwer, in feine Stifte geschnitten
1 kleine Zwiebel, in 8 Spalten geschnitten
2 Frühlingszwiebeln, schräg in Scheiben geschnitten
gemahlener weißer Pfeffer, zum Bestreuen
1 lange rote Chili, enkernt, in dünne Ringe geschnitten, zum Garnieren
einige Korianderblätter, zum Garnieren

4 PORTIONEN

DIE Shiitake-Pilze 2 bis 3 Minuten in heißem Wasser einweichen, dann abgießen.

IN einer kleinen Schüssel Fischsauce, Austernsauce, Brühe und Zucker mischen.

DAS Öl in einem Wok oder einer Pfanne erhitzen und die Hälfte des Knoblauchs bei mittlerer Hitze unter Rühren goldbraun braten. Die Hälfte des Fleisches zugeben, bei starker Hitze unter Rühren 2 bis 3 Minuten braten, bis es gar ist. Aus dem Wok nehmen. Mit dem restlichen Knoblauch und Fleisch wiederholen. Alles zurück in den Wok geben.

INGWER, Zwiebel, Pilze und Sauce hinzufügen und 1 bis 2 Minuten unter Rühren braten. Abschmecken. Die Frühlingszwiebeln unterrühren.

AUF einer Servierplatte mit gemahlenem Pfeffer, Korianderblättern und Chiliringen verzieren.

Gemüseverkauf in Chiang Mai.

THAILAND KULINARISCH ENTDECKEN

KUNG PHAT KRA-TIAM
PFANNENGERÜHRTE KNOBLAUCHGARNELEN

RIESENGARNELEN WERDEN IN THAILAND IN GROSSER MENGE GEZÜCHTET UND FÜR VIELE GERICHTE VERWENDET. HIER EIGNEN SICH AUCH ANDERE GARNELEN, DIE GERADE ERHÄLTLICH SIND. ES WIRD REICHLICH KNOBLAUCH GEBRAUCHT; DAS BESTE AROMA HABEN FRISCHE, SAFTIGE KNOLLEN.

500 g große rohe Garnelen
18–20 Korianderwurzeln, grob gehackt
4–5 Knoblauchzehen, grob gehackt
10 schwarze Pfefferkörner
1 EL helle Sojasauce
1½ EL Austernsauce
½ TL Zucker
3 EL Pflanzenöl
einige Korianderblätter, zum Garnieren
1 lange rote Chili, entkernt, in dünne Ringe geschnitten, zum Garnieren

4 PORTIONEN

DIE Garnelen schälen und putzen und entlang der Rückseite aufschneiden (Vorderseite und Schwanz zusammenlassen).

IM Mörser oder Mixer Knoblauch und Koriander zu einer groben Paste verarbeiten. Die Pfefferkörner hinzufügen und weiter grob zerstoßen.

IN einer kleinen Schüssel Sojasauce, Austernsauce und Zucker vermischen.

DAS Öl im Wok erhitzen, die Korianderpaste 1 bis 2 Minuten unter Rühren braten, bis der Knoblauch braun wird und duftet. Garnelen und Sojasauce hinzugeben und weitere 2 bis 3 Minuten rühren, bis die Garnelen sich öffnen und rosa werden. Abschmecken. Mit Koriander und Chili garnieren.

MUU PHAT PRIAW WAAN
SCHWEINEFLEISCH MIT SÜSS-SAURER SAUCE

SCHWEINEFLEISCH WIRD IN VIELEN REGIONEN VON THAILAND BEVORZUGT. DIESES REZEPT IST DIE THAI-VARIANTE DES BEKANNTEN CHINESISCHEN SÜSS-SAUREN SCHWEINEFLEISCHES. DAS GEMÜSE KANN JE NACH AUSWAHL VARIIERT WERDEN, SOLLTE ABER AUCH GEKOCHT NOCH BISSFEST SEIN.

- 95 g Ananasscheiben in leichtem Sirup (Dose), jede Scheibe in 4 Stücke geschnitten (Saft auffangen)
- 1 ½ EL Pflaumensauce (Seite 284) oder Ketchup
- 2 ½ EL Fischsauce
- 1 EL Zucker
- 2 EL Pflanzenöl
- 250 g Schweinefleisch, in Scheiben geschnitten
- 4 Knoblauchzehen, fein gehackt
- ¼ Möhre, in Scheiben geschnitten
- 1 mittelgroße Zwiebel, in 8 Scheiben geschnitten
- ½ rote Paprika, in mundgerechte Stücke geschnitten
- 1 kleine Gurke, mit Schale, der Länge nach halbiert und in dicke Scheiben geschnitten
- 1 Tomate, in 4 Scheiben geschnitten, oder 4–5 Babytomaten
- einige Korianderblätter, zum Garnieren

4 PORTIONEN

DEN Ananssaft (ca. 6 EL) mit Pflaumensauce, Fischsauce und Zucker in einer kleinen Schüssel glatt rühren.

BEI mittlerer Hitze das Öl im Wok oder einer Pfanne erhitzen und das Schweinefleisch goldbraun und gar braten. Mit einem Schaumlöffel herausnehmen und auf Küchenpapier abtropfen lassen.

DEN Knoblauch in den Wok geben und bei mittlerer Hitze unter Rühren in 1 Minute hellbraun braten. Möhre, Zwiebel und Paprika hinzufügen und weitere 1 bis 2 Minuten unter Rühren braten. Gurke, Tomate, Ananas und Ananassaft hinzugeben und eine weitere Minute unter Rühren braten. Abschmecken.

DAS Fleisch hinzufügen und vorsichtig umrühren. Auf eine Servierplatte mit Korianderblättern garniert servieren.

THAILAND KULINARISCH ENTDECKEN

THUA PHAT MUU
SCHWEINEFLEISCH MIT SPARGELBOHNEN

SPARGELBOHNEN WERDEN IN ASIATISCHEN SPEZIALITÄTENGESCHÄFTEN AUFGEROLLT ODER IN LANGEN BÜNDELN VERKAUFT. SIE SCHMECKEN ÄHNLICH WIE GRÜNE BOHNEN, HABEN ABER EINE ETWAS ZÄHERE HAUT. DIESES GERICHT PASST ZU JEDER MAHLZEIT.

1 EL Austernsauce
1 EL helle Sojasauce
¼ TL Zucker
2 EL Pflanzenöl
4 Knoblauchzehen, fein gehackt
350 g Schweinefilet, in feine Scheiben geschnitten
250 g Spargelbohnen, in 5 cm lange Stücke geschnitten
½ lange rote Chili, entkernt, gehackt, zum Garnieren

4 PORTIONEN

IN einer kleinen Schüssel Sojasauce, Austernsauce, Zucker und 2 EL Wasser vermischen.

DAS Öl im Wok oder einer Pfanne erhitzen und den Knoblauch bei mittlerer Hitze unter Rühren goldbraun braten. Das Schweinefleisch hinzufügen und bei starker Hitze unter Rühren 3 bis 5 Minuten braten, bis es gar ist. Die Bohnen und die Sauce hinzugeben und weitere 4 Minuten unter Rühren braten. Abschmecken.

AUF einer Servierplatte mit den Chilis bestreuen.

Spargelbohnen haben oft dunkle Flecken.

THAILAND KULINARISCH ENTDECKEN

MUU PHAT KRA-TIAM PHRIK THAI
SCHWEINEFLEISCH MIT KNOBLAUCH UND PFEFFER

ZU DIESEM CHINESISCHEN GERICHT GEHÖRT DIE KLASSISCHE KOMBINATION VON KNOBLAUCH UND PFEFFER. THAI-KNOBLAUCH SCHMECKT WENIGER INTENSIV. AM BESTEN IST JUNGER KNOBLAUCH. DIE PFEFFERKÖRNER KURZ VOR DEM WÜRZEN ZERDRÜCKEN. MIT GEMÜSE UND JASMINREIS SERVIEREN.

Ein Granitmörser ist für viele Thai-Rezepte nützlich. Eine tiefe Schale ist besser, wenn viele Zutaten verarbeitet werden sollen.

- 1 ½ TL schwarze Pfefferkörner
- 1 Knolle Knoblauch, Zehen grob gehackt
- 8–10 Korianderwurzeln, grob gehackt
- 3 EL Pflanzenöl
- 500 g Schweinefilet, in 5 cm große Quadrate geschnitten
- 1 EL Fischsauce
- 1 EL helle Sojasauce
- ½ TL Zucker
- Knoblauch und Chilisauce (Seite 283), zum Servieren

4 PORTIONEN

IM Mörser oder Mixer die Pfefferkörner grob zerkleinern und in eine kleine Schüssel umfüllen.

KNOBLAUCH und Koriander zu einer Paste verarbeiten und mit den Pfefferkörnern mischen.

DAS Öl im Wok erhitzen und die Hälfte der Knoblauch-Pfefferpaste bei mittlerer Hitze 1 bis 2 Minuten unter Rühren braten, bis sie duftet. Die Hälfte des Fleisches zugeben, bei starker Hitze unter Rühren eine Minute braten, dann die Hitze reduzieren und in 2 bis 3 Minuten fertig garen. Vom Herd nehmen. Mit der restlichen Paste und dem Fleisch wiederholen. Alles zurück in den Wok geben.

FISCHSAUCE, Sojasauce und Zucker unterheben. Unter Rühren 5 Minuten braten, bis das Fleisch braun wird. Mit Knoblauch und Chilisauce servieren.

Chilis und Knoblauch auf dem Markt in Bangkok.

NUDELN & REIS

THAILAND KULINARISCH ENTDECKEN

KHAO SAWY
NUDELN CHIANG MAI

DIESE BEKANNTE SPEZIALITÄT AUS CHIANG MAI WIRD IM RESTAURANT EBENSO ANGEBOTEN WIE AM STRASSENSTAND, BESONDERS IN DER NÄHE VON MOSCHEEN. DIE BEILAGEN HARMONIEREN BESONDERS GUT MIT DEN NUDELN.

Die Paste mit der Kokosmilch verrühren, dann erst Fleisch, Sojasauce, Brühe und dünne Kokosmilch zugeben.

PASTE
3 getrocknete lange rote Chilis
4 Schalotten, gehackt
4 Knoblauchzehen, zerdrückt
2 cm Kurkuma, gerieben
5 cm Ingwer, gerieben
4 EL gehackte Korianderwurzeln
1 TL Garnelenpaste
1 TL Currypulver (Seite 287)

5 EL dicke Kokosmilch (Seite 279)
2 EL Palmzucker
2 EL Sojasauce
4 Hühnerkeulen mit Haut und Knochen
500 ml Hühnerbrühe oder Wasser
410 ml dünne Kokosmilch (Seite 279)
400 g frische flache Eiernudeln
Frühlingszwiebeln, gehackt oder in Scheiben geschnitten, zum Garnieren
1 Handvoll Korianderblätter, zum Garnieren
Limonenspalten, als Beilage
eingelegtes Senfkraut oder Gurke, als Beilage
geröstete Chilisauce (Seite 283), als Beilage
Schalotten, geviertelt, als Beilage

4 PORTIONEN

FÜR die Paste die Chilis 10 Minuten in heißem Wasser einweichen, dann abgießen und hacken, dabei die Samen entfernen. Im Mörser oder Mixer mit Schalotten, Knoblauch, Kurkuma, Ingwer, Korianderwurzeln und Garnelenpaste zu einer feinen Paste verarbeiten. Currypulver und eine Prise Salz unterrühren.

DIE dicke Kokosmilch im Wok oder einem Topf bei mittlerer Hitze 5 Minuten köcheln, bis die Milch gerinnt und sich eine Ölschicht an der Oberfläche bildet. Wenn sie am Rand braun wird, umrühren.

DIE Paste hinzugeben und rühren, bis sie duftet. Palmzucker, Sojasauce und Fleisch zufügen, dann Brühe und dünne Kokosmilch angießen und zum Kochen bringen. Die Hitze reduzieren und 30 Minuten köcheln lassen, bis das Fleisch gar ist.

INZWISCHEN 100 g Eiernudeln in sehr heißem Öl frittieren, bis sie aufgehen. Auf Küchenpapier abtropfen lassen. Die restlichen Nudeln wie auf der Packung angegeben in Wasser kochen.

DIE gekochten Nudeln in eine große Schüssel geben und das Fleisch darüber legen. Mit den frittierten Nudeln, den Frühlingszwiebeln und Korianderblättern garnieren. Dazu die genannten Beilagen servieren.

KIAW NAAM KUNG
WON-TAN-SUPPE MIT GARNELEN

WON-TANS SIND CHINESISCHE GEFÜLLTE NUDELN. SIE WERDEN MEIST IN SUPPEN SERVIERT UND SIND LEICHT HERZUSTELLEN. MIT DIESER FRISCHEN GARNELENFÜLLUNG KANN MAN SIE ZU JEDER TAGESZEIT GENIESSEN. AUCH HUHN ODER FISCH EIGNEN SICH FÜR DIE FÜLLUNG.

Etwas Füllung auf die Won-Tan-Blätter geben und zu einem Beutel zusammendrücken

225 g Garnelen, fein gehackt
6 Knoblauchzehen, fein gehackt
2 Korianderwurzeln, fein gehackt
etwas gemahlener weißer Pfeffer
20 Won-Tan-Blätter, 7,5 cm im Quadrat
1–2 EL Pflanzenöl
935 ml Hühner- oder Gemüsebrühe oder Wasser
2 EL helle Sojasauce
4 g rohe Garnelen, geschält, ohne Darm
100 g Chinakohl oder Spinat, grob gehackt
100 g Bohnensprossen, Keime entfernt
3 Frühlingszwiebeln, schräg geschnitten
gemahlener weißer Pfeffer, zum Bestreuen

4 PORTIONEN

IN einer Schüssel die gehackten Garnelen mit 2 Knoblauchzehen, Koriander, Pfeffer und einer Prise Salz mischen. Je 1 TL Füllung auf die Wan-Tan-Blätter geben. Die Ecken zu einem kleinen Beutel zusammendrücken.

DAS Öl in einem kleinen Wok oder einer Pfanne erhitzen, den restlichen Knoblauch unter Rühren goldbraun braten. Vom Herd nehmen, den Knoblauch entfernen.

IN einem Topf Wasser zum Kochen bringen. Die Wan Tans einzeln hineingleiten lassen und 2 bis 3 Minuten kochen. Mit dem Schaumlöffel einzeln herausnehmen und in eine Schüssel mit warmem Wasser geben.

DIE Brühe in einem Topf zum Kochen bringen. Sojasauce, Garnelen und Chinakohl hinzufügen und einige Minuten kochen.

DIE Won Tans abgießen und in die Brühe geben.

DIE Bohnensprossen auf Suppenschalen verteilen und die Won Tans mit der Suppe darüber gießen. Mit Frühlingszwiebeln, Pfeffer und Knoblauchöl garnieren.

THAILAND KULINARISCH ENTDECKEN

BA-MII THALEH
EIERNUDELN MIT MEERESFRÜCHTEN

BA-MII SIND WEIZENNUDELN, DIE MEIST MIT EI HERGESTELLT WERDEN. SIE WERDEN IN GANZ THAILAND AN STRASSENSTÄNDEN VERKAUFT – NUDELGERICHTE SIND BELIEBTE SNACKS. MIT CHILIRINGEN IN FISCHSAUCE, GETROCKNETEN CHILIS UND WEISSEM ZUCKER SERVIEREN.

8 rohe Garnelen
2 Tintenfischkörper
250 g Eiernudeln
1 EL Pflanzenöl
4 Schalotten, mit der Messerklinge zerdrückt
4 Frühlingszwiebeln, in Stücke geschnitten und mit der Messerklinge zerdrückt
2 cm Ingwer, fein gehackt
2 Knoblauchzehen, in dünne Scheiben geschnitten
1 EL eingelegter Kohl, abgespült und gehackt (nach Geschmack)
4 Kammmuscheln, horizontal halbiert
1 EL Austernsauce
2 TL Sojasauce
2 TL Fischsauce
1/2 Bund Thai-Basilikum

4 Portionen

DIE Garnelen schälen und putzen und entlang der Rückseite aufschneiden (Vorderseite und Schwanz zusammenlassen).

DIE Tintenfischkörper aufklappen und die Innenseite kreuzweise einschneiden. In quadratische Stücke schneiden.

DIE Eiernudeln in Wasser kochen, abgießen und abspülen.

DAS Öl im Wok erhitzen, Schalotten, Frühlingszwiebeln, Ingwer, Knoblauch und Kohl 2 Minuten unter Rühren anbraten. Garnelen, Tintenfische und Muscheln nacheinander hinzufügen, jeweils gut mischen und 3 Minuten braten.

AUSTERNSAUCE, Sojasauce und Nudeln unterheben. Fischsauce und Basilikum hinzufügen und servieren.

Die Innenseite des Tintenfischs kreuzweise einschneiden.

Fisch vorbereiten in Phetchaburi.

PHAT WUN SEN
SCHARF-SAURE NUDELN MIT GARNELEN

200 g Glasnudeln
100 g gehacktes Schweinefleisch
2 EL Öl
8 gekochte Garnelen, geschält
4 eingelegte Knoblauchzehen, gehackt
2 Schalotten, in dünne Ringe geschnitten
4–5 Vogelaugenchilis, in dünne Ringe geschnitten
2 EL Fischsauce
1 EL Limonensaft
2 Tomaten, ohne Samen, in dünne Spalten geschnitten
½ Bund Anis-Basilikum
½ Bund Koriander

4 PORTIONEN

DIE Nudeln 10 Minuten in heißem Wasser einweichen. Das Wasser abgießen und die Nudeln mit der Schere zerschneiden.

DAS Schweinefleisch 2 Minuten in kochendem Wasser garen, herausnehmen und in kleine Stücke zerlegen.

DAS Öl im Wok erhitzen und alle Zutaten außer dem Basilikum und Koriander hineingeben und 1 bis 2 Minuten vermischen. Die Kräuter hinzufügen, kurz mischen und servieren.

Alle Zutaten mischen, dann die Kräuter zugeben.

KUAYTIAW PHAT KHII MAO
NUDELN MIT THAI-BASILIKUM

NUDELGERICHTE SIND IN THAILAND FAST AN JEDER STRASSENECKE ZU FINDEN. DA SIE AUS CHINA STAMMEN, WERDEN SIE MEIST MIT STÄBCHEN UND EINEM LÖFFEL GEGESSEN. DIREKT AUS DEM WOK SERVIEREN.

500 g frische breite, flache Reisnudeln (Sen yai)
2 TL Sojasauce
4 Knoblauchzehen
4 Vogelaugenchilis, ohne Stiele
4 EL Pflanzenöl
200 g gehäutetes Hühnerbrustfilet, in dünne Streifen geschnitten
2 EL Fischsauce
2 TL Palmzucker
1/2 Bund Thai-Basilikum

4 Portionen

DIE Nudeln mit der Sojasauce in einer Schüssel miteinander vermengen. Dabei die Nudeln trennen. Knoblauch und Chilis im Mörser oder Mixer zu einer feinen Paste verarbeiten.

DAS Öl im Wok erhitzen und die Knoblauch-Chili-Paste darin anbraten, bis sie duftet. Das Fleisch hinzugeben und rühren, bis es gar ist. Fischsauce und Palmzucker unterrühren, bis sich der Zucker auflöst. Nudeln und Basilikum hinzufügen, mischen und servieren.

NUDELN MIT THAI-BASILIKUM

KUNG LAI SAI KRAWK NAI MAW DIN
GARNELEN UND WURST IM TONTOPF

DAS KOCHEN IM TONTOPF IST EINE CHINESISCHE TRADITION. DAS GERICHT KANN, FALLS VORHANDEN, AUCH IN VIER KLEINEN TONTÖPFEN ZUBEREITET WERDEN. EINE SCHWERE KASSEROLLE EIGNET SICH EBENFALLS. DIE ZUTATEN GEBEN BEIM KOCHEN IHR AROMA AN DEN REIS AB.

12 kleine rohe Garnelen, geschält, ohne Darm, grob gehackt
1 Stängel Zitronengras, nur das Weiße, fein gehackt
2 große grüne Chilis, gehackt
1 TL Mekong-Whisky oder Reiswein
1 TL Fischsauce
1 TL Tapiokamehl
2 Knoblauchzehen, gehackt
2 Korianderwurzeln, gehackt
2 cm Ingwer, gehackt
2 Schalotten, gehackt
200 g Jasminreis
2 EL Öl
2 saure Thai- oder China-Würste, in dünne Scheiben geschnitten
2 EL gehackte Korianderblätter, zum Garnieren

4 PORTIONEN

DIE Garnelen mit 1 EL Zitronengras, Chilis, Whisky, Fischsauce und Tapiokamehl in einer Schüssel gut verrühren.

IM Mörser oder Mixer das restliche Zitronengras mit Knoblauch, Korianderwurzeln, Ingwer und Schalotten zu einer groben Paste verarbeiten.

DEN Reis in kaltem Wasser waschen, bis das Wasser klar abläuft, dann abtropfen lassen.

DAS Öl im Wok erhitzen und die Knoblauchpaste unter ständigem Rühren 3 bis 4 Minuten anbraten. Den Reis hinzugeben und eine Minute mitbraten, bis er rundum mit der Mischung bedeckt ist.

DIE Reis-Mischung in einen großen Tontopf füllen, Wasser angießen, bis es 2 cm hoch über dem Reis steht. Das Wasser langsam zum Kochen bringen, die Wurstscheiben auf den Reis legen und die Garnelenmischung auf die Wurst. Den Tontopf zudecken und bei schwacher Hitze 15 Minuten garen. Mit gehacktem Koriander bestreut servieren.

Schirmmaler in Bo Sang

THAILAND KULINARISCH ENTDECKEN

PHAT KUAYTIAW RAAT NAA MUU
WEISSE NUDELN MIT SCHWEINEFLEISCH

NUDELN SIND IN THAILAND HEISS GELIEBT. DIES IST EINES DER BEKANNTESTEN NUDELGERICHTE. ES WIRD ZU JEDER TAGES- ODER NACHTZEIT GEGESSEN UND MIT GROSSEN WEISSEN NUDELN ZUBEREITET. DEN LEICHTEN, BITTEREN GESCHMACK STEUERT DER CHINAKOHL BEI.

2 TL Austernsauce
6 TL helle Sojasauce
1 EL Zucker
2 TL gelbe Bohnensauce
1 EL Tapiokamehl
450 g frische breite, flache Reisnudeln (Sen yai)
4 EL Pflanzenöl
4–5 Knoblauchzehen, fein gehackt
225 g Schweine- oder Hühnerfilet, in feine Scheiben geschnitten
175 g Chinakohl, in 2,5 cm große Stücke geschnitten, Blätter getrennt
gemahlener weißer Pfeffer, zum Bestreuen

WÜRZMISCHUNG
6 Vogelaugenchilis, in Ringe geschnitten, verrührt mit 3 EL weißem Essig
3 EL Fischsauce
3 EL geröstetem Chilipulver
3 EL weißem Zucker

4 PORTIONEN

IN einer Schüssel 4 TL helle Sojasauce, Austernsauce, Zucker, gelbe Bohnensauce und Tapiokamehl mit 125 ml Wasser mischen.

DIE Nudeln mit 2 TL Sojasauce in einer Schüssel miteinander verreiben. Dabei die Nudeln trennen.

IM Wok oder einer Pfanne 2 EL Öl erhitzen und die Nudeln darin bei mittlerer Hitze 4 bis 5 Minuten unter Rühren anbraten, bis sie am Rand braun werden und zusammenkleben. Auf einer Platte warmhalten.

DAS restliche Öl im Wok oder einer Pfanne erhitzen und den Knoblauch bei mittlerer Hitze unter Rühren goldbraun braten. Das Fleisch zugeben und unter Rühren 2 bis 3 Minuten braten, bis es gar ist. Den Chinakohl hinzufügen und 1 bis 2 Minuten unter Rühren braten. Die Saucenmischung und die Kohlblätter hinzugeben und eine weitere Minute unter Rühren braten. Abschmecken.

DAS Fleisch und den Kohl auf die Nudeln legen und mit weißem Pfeffer bestreuen. Die Würzmischung separat in kleinen Schalen servieren.

Die Nudeln anbraten, dann Knoblauch, Fleisch und Kohlstängel anbraten. Sauce und Kohlblätter hinzufügen.

THAILAND KULINARISCH ENTDECKEN

KUAYTIAW PHAT THAI
FRITTIERTE THAI-NUDELN MIT GARNELEN

DAS IST EINS DER BERÜHMTESTEN GERICHTE IN THAILAND. WER ES NICHT PROBIERT HAT, IST NICHT WIRKLICH IN THAILAND GEWESEN. ES WIRD MIT GETROCKNETEN, KLEINEN WEISSEN NUDELN, SEN LEK GENANNT, ZUBEREITET. STATT GARNELEN KANN AUCH FLEISCH VERWENDET WERDEN.

150 g getrocknete Nudeln (Sen lek)
300 g große rohe Garnelen
3 EL Tamarindenmus
2 ½ EL Fischsauce
2 EL Palmzucker
3 EL Pflanzenöl
3–4 Knoblauchzehen, fein gehackt
2 Eier
85 g Schnittknoblauch
¼ TL Chilipulver nach Geschmack
2 EL getrocknete Garnelen, gemahlen oder zerstoßen
2 EL eingelegte Rüben, fein gehackt
2 ½–3 EL gehackte geröstete Erdnüsse
180 g Bohnensprossen
3 Frühlingszwiebeln, schräg geschnitten
1 lange rote Chili, ohne Kerne, gehackt, zum Garnieren
einige Korianderblätter, zum Garnieren
Limonenspalten, zum Servieren

4 PORTIONEN

DIE Nudeln 1 bis 2 Minuten in heißem Wasser einweichen, dann abgießen.

DIE Garnelen schälen und putzen und entlang der Rückseite aufschneiden (Vorderseite und Schwanz zusammenlassen).

IN einer Schüssel Tamarinde mit Fischsauce und Zucker mischen.

IM Wok oder einer Pfanne 1 ½ EL Öl erhitzen, den Knoblauch bei mittlerer Hitze unter Rühren goldbraun braten. Die Garnelen hinzugeben und 2 Minuten braten.

DIE Garnelen an den Rand des Woks schieben. Weitere 1 ½ EL Öl in den Wok geben und die Eier in 1 Minute verrühren. Nudeln und Schnittknoblauch hinzugeben und einige Sekunden unter Rühren braten. Fischsauce, Chilipulver, getrocknete Garnelen, Rüben und die Hälfte der Erdnüsse hinzufügen, dann die Hälfte der Bohnensprossen und Frühlingszwiebeln. Probieren, ob die Nudeln gar sind, und abschmecken.

AUF einer Servierplatte mit den restlichen Erdnüssen bestreuen. Mit gehackten Chilis und einigen Korianderblättern garnieren. Limonenspalten, die restlichen Bohnensprossen und Frühlingszwiebeln am Rand anrichten.

Eine beliebte Kombination aus Gewürzen und Nudeln.

MII KROB
KNUSPRIGE REISNUDELN

HIERFÜR WERDEN DIE DÜNNSTEN REISNUDELN ZU LEICHTEN, KNUSPRIGEN KNÄUELN FRITTIERT UND IN SÜSS-SAURER SAUCE GEWENDET. DAS GERICHT SOLLTE SOFORT SERVIERT WERDEN, SOLANGE DIE NUDELN NOCH KNUSPRIG SIND.

Eingelegten Knoblauch gibt es in Asia-Läden. Die frittierten Nudeln und den Tofu mit dem Schaumlöffel aus dem Öl nehmen.

75 g Vermicelli (dünne Reisnudeln) (sen mii)
Pflanzenöl, zum Frittieren
200 g fester Tofu, in dünne Stifte geschnitten
75 g kleine Schalotten oder kleine rote Zwiebeln, in feine Ringe geschnitten
150 g rohe Garnelen, geschält, ohne Darm, mit Schwanz
2 EL Fischsauce
2 EL Wasser oder Saft von eingelegtem Knoblauch
1 EL Limonensaft
2 EL Pflaumensauce (Seite 284) oder Tomatenketchup
1 EL süße Chilisauce (Seite 284)
4 EL Zucker
3 EL Palmzucker
3 EL kleine, ganze eingelegte Knoblauchzehen, in feine Scheiben geschnitten
110 g Bohnensprossen, ohne Keim, zum Garnieren
3–4 Frühlingszwiebeln, schräg geschnitten, zum Garnieren
1 lange rote Chili, entkernt, in dünne Streifen geschnitten, zum Garnieren

4 PORTIONEN

DIE Nudeln 20 Minuten in kaltem Wasser einweichen, abgießen und auf Küchenpapier gut abtropfen lassen. Mit der Schere in kleinere Stücke schneiden.

BEI mittlerer Hitze etwa 8–10 cm Öl im Wok erhitzen. Ein Stück Nudel hineinfallen lassen. Wenn sie sinkt, sofort wieder auftaucht und aufgeht, ist das Öl heiß genug. Eine kleine Hand voll Nudeln hineingeben. Einmal wenden (dauert nur Sekunden) und herausnehmen, sobald sie aufgegangen und dunkel elfenbeinfarben geworden sind. Die knusprigen Nudeln über dem Wok kurz abtropfen lassen, dann auf ein mit Küchenpapier ausgelegtes Backblech legen. Die restlichen Nudeln ebenso frittieren. In kleinere Stücke brechen.

IM selben Öl den Tofu in 7 bis 10 Minuten goldbraun und knusprig frittieren. Mit dem Schaumlöffel herausnehmen und abtropfen lassen.

EBENSO die Schalotten knusprig und golbraun frittieren. Mit dem Schaumlöffel herausnehmen und auf Küchenpapier abtropfen lassen.

DIE Garnelen 1 bis 2 Minuten frittieren, bis sie rosa werden. Mit dem Schaumlöffel herausnehmen und auf Küchenpapier abtropfen lassen.

DAS Öl aus dem Wok vorsichtig abgießen. Fischsauce, Wasser, Limettensaft, Pflaumensauce, Chilisauce, Zucker und Palmzucker hineingeben und 4 bis 5 Minuten bei schwacher Hitze rühren, bis die Mischung dicklich wird.

DIE Hälfte der Nudeln vorsichtig mit der Sauce mischen. Die restlichen Nudeln, Tofu, Garnelen, Knoblauch und Schalotten hinzufügen, 1 bis 2 Minuten wenden, bis sie mit Sauce bedeckt sind. Auf einer Platte mit Bohnensprossen, Frühlingszwiebeln und Chilistreifen garniert servieren.

THAILAND KULINARISCH ENTDECKEN

PHAT BA-MII PHAK
PFANNENGERÜHRTE EIERNUDELN MIT GEMÜSE

2 EL Austernsauce
1 EL helle Sojasauce
1 TL Zucker
2 EL Pflanzenöl
4 Knoblauchzehen, fein gehackt
225 g Chinesischen Brokkoli, Maiskölbchen, in Stücke geschnittene Spargelbohnen, mundgerecht geschnittene Zuckerschoten
250 g frische Eiernudeln
45 g Bohnensprossen
3 Frühlingszwiebeln, fein gehackt
½ lange rote oder grüne Chili, entkernt, in feine Ringe geschnitten
einige Korianderblätter, zum Garnieren

4 PORTIONEN

AUSTERNSAUCE, Sojasauce und Zucker in einer kleinen Schüssel mischen.

DAS Öl im Wok oder einer Pfanne erhitzen und den Knoblauch bei mittlerer Hitze hellbraun anbraten. Das gemischte Gemüse hinzufügen und bei starker Hitze 1 bis 2 Minuten unter Rühren anbraten.

EIERNUDELN und Saucenmischung hinzufügen und 2 bis 3 Minuten unter Rühren anbraten. Bohnensprossen und Frühlingszwiebeln hinzugeben. Abschmecken.

AUF einem Servierteller mit Chili und Koriander garnieren.

KHAO PHAT KUNG NAAM PHRIK PHAO
REIS MIT GARNELEN UND CHILIGELEE

225 g rohe Garnelen
3 EL Pflanzenöl
4 Knoblauchzehen, fein gehackt
1 kleine Zwiebel, in Ringe geschnitten
3 TL Chiligelee (Seite 283)
450 g gekochter Jasminreis, über Nacht gekühlt
1 EL helle Sojasauce
½ EL Zucker
1 lange rote Chili, ohne Kerne, in feine Ringe geschnitten
2 Frühlingszwiebeln, in feine Ringe geschnitten
gemahlener weißer Pfeffer
einige Korianderblätter, zum Garnieren

REIS MIT GARNELEN UND CHILIGELEE

4 PORTIONEN

DIE Garnelen schälen und putzen und am Rücken entlang aufschneiden (Unterseite und Schwanz zusammen lassen, Schwanz nicht entfernen).

DAS Öl im Wok oder einer Pfanne erhitzen und Knoblauch und Zwiebel bei mittlerer Hitze unter Rühren hellbraun anbraten. Chiligelee zufügen und einige Sekunden rühren, bis es duftet. Die Garnelen hinzugeben und bei starker Hitze 2 Minuten unter Rühren anbraten, bis sie sich öffnen und rosa werden.

GEKOCHTEN Reis, Sojasauce und Zucker hinzufügen und 3 bis 4 Minuten unter Rühren braten. Chili und Frühlingszwiebeln hinzugeben und gut mischen. Abschmecken.

AUF einen Servierteller füllen und mit weißem Pfeffer und Koriander bestreuen.

THAILAND KULINARISCH ENTDECKEN

KHAO PHAT SAPPAROT
GEBRATENER REIS IN ANANAS

GEBRATENER REIS STAMMT AUS CHINA UND IST HEUTE EIN STANDARD-SNACK IN THAILAND. ER WIRD NICHT ANSTELLE VON GEDÄMPFTEM REIS GEGESSEN, SONDERN ALS EIGENSTÄNDIGES GERICHT. DIESE METHODE GEBRATENEN REIS ZU SERVIEREN, IST EIN BLICKFANG IN DER ANANAS-SAISON.

Das Fruchtfleisch vorsichtig aus der Ananas lösen, sodass eine Schale für den Reis entsteht.

1 frische Ananas, mit Blättern
2 EL Pflanzenöl
1 Ei, mit einer Prise Salz verschlagen
2–3 Knoblauchzehen, fein gehackt
150 g rohe Garnelen, geschält, ohne Darm
150 g Schinken, fein gehackt
25 g Maiskörner
25 g Erbsen
1/2 rote Paprika, fein gewürfelt
1 EL fein gehackter Ingwer (nach Geschmack)
280 g gekochter Jasminreis, über Nacht gekühlt
1 EL helle Sojasauce
25 g geröstete, gesalzene Cashew-Nüsse, grob gehackt
1 lange rote Chili, ohne Kerne, in feine Ringe geschnitten, zum Garnieren
einige Korianderblätter, zum Garnieren

4 PORTIONEN

DEN Ofen auf 180 °C/Gas 4 vorheizen. Die Ananas der Länge nach halbieren. Mit Löffel und Messer aus beiden Hälften das Fruchtfleisch herausnehmen, sodass zwei Schalen mit 1 cm Fleisch am Rand entstehen. Das Fruchtfleisch in kleine Würfel schneiden. Die Hälfte der Würfel in eine Schüssel geben, den Rest in den Kühlschrank stellen.

DEN Ananasstrunk in Alufolie wickeln, damit er nicht verbrennt. Die Schalen auf ein Backblech legen und 10 bis 15 Minuten backen. So wird der Saft eingeschlossen und zieht nicht in den gebratenen Reis.

BEI mittlerer Hitze 1 EL Öl im Wok oder einer Pfanne erhitzen. Das Ei hinzufügen und schwenken, sodass ein dünnes Omelett entsteht. 2 Minuten backen, bis es fest und an der Unterseite hellbraun ist. Wenden und die andere Seite bräunen. Aus der Pfanne nehmen und etwas abkühlen lassen. Aufrollen und in dünne Streifen schneiden.

IM Wok oder in einer Pfanne 1 EL Öl erhitzen und den Knoblauch bei mittlerer Hitze unter Rühren hellbraun anbraten. Garnelen, Schinken, Mais, Erbsen, Paprika und Ingwer hinzufügen und 2 Minuten unter Rühren anbraten, bis die Garnelen sich öffnen und rosa werden. Dann Reis, Sojasauce und Ananasfruchtfleisch bei mittlerer Hitze 5 bis 7 Minuten wenden. Abschmecken.

SO viel wie möglich in die Ananasschalen füllen und mit Cashewnüssen und Omelettstreifen garnieren. Mit Chiliringen und Korianderblättern bestreuen.

Frisches und eingelegtes Obst in Udon Thani.

WUN SEN TOM YAM KUNG
SCHARF-SAURE NUDELSUPPE MIT GARNELEN

DIES IST DIE SUPPENVERSION EINES NUDELSALATS. WUN-SEN-NUDELN WERDEN AUS MUNGO-BOHNEN HERGESTELLT. EINGEWEICHT SIND SIE DURCHSICHTIG UND MACHEN DIE SUPPE ETWAS SCHLÜPFRIG. DIE NUDELN IN STÜCKE SCHNEIDEN, DANN SIND SIE LEICHTER ZU ESSEN.

150 g Vermicelli oder Glasnudeln (Wun Sen)
280 g rohe, mittelgroße Garnelen
920 ml Gemüsebrühe
2 Stängel Zitronengras, in Quasten geschnitten oder zerdrückt
2–2½ EL Fischsauce
1½–2 EL Chiligelee (Seite 283), je nach Geschmack
1–2 kleine rote und grüne Chilis, leicht zerdrückt
110 g gemischte Pilze
110 g Babytomaten (etwa 10) oder mittelgroße Tomaten in 6 Stücke geschnitten
5 Kaffirlimettenblätter, in 2 Stücke gerissen
4 EL Limonensaft
einige Korianderblätter, zum Garnieren

4 PORTIONEN

DIE Nudeln 1 bis 2 Minuten in heißem Wasser einweichen, abgießen und in kleine Stücke schneiden.

DIE Garnelen schälen und putzen und am Rücken aufschneiden, die Unterseite und den Schwanz zusammenlassen. Schwanz nicht entfernen.

DIE Brühe mit Zitronengras, Fischsauce, Chiligelee und zerdrückten Chilis zum Kochen bringen. Auf mittlere Hitze reduzieren, die Nudeln hinzufügen und 1 bis 2 Minuten kochen. Die Garnelen hinzugeben und eine weitere Minute kochen.

PILZE, Tomaten, Limettenblätter und Limonensaft hinzufügen und weitere 2 bis 3 Minuten kochen; die Tomaten sollten ihre Form behalten. Abschmecken. Zitronengras entfernen. Die Suppe in eine Schüssel füllen und mit Korianderblättern garnieren.

KHAO PHAT PUU
GEBRATENER REIS MIT KREBSFLEISCH

FÜR GEBRATENEN REIS EIGNET SICH AM BESTEN REIS VOM VORTAG, ALSO EIN REST. IN THAILAND SIND REISRESTE ALLERDINGS SELTEN. AM BESTEN SCHMECKT DAS GERICHT AUS DEM WOK. KREBS, VORZUGSWEISE FRISCH, PASST BESONDERS GUT ZUM REIS.

Frische Wasserkastanien

- 2 EL Pflanzenöl
- 4 Knoblauchzehen, fein gehackt
- 2 Eier
- 450 g gekochter Jasminreis, über Nacht gekühlt
- 110 g Krebsfleisch (gut abgetropft, falls aus der Dose)
- ½ kleine Zwiebel, in Ringe geschnitten
- 175 g Wasserkastanien, abgetropft und in Scheiben geschnitten
- 2 EL in feine Stifte geschnittener Ingwer (nach Geschmack)
- 1 EL helle Sojasauce
- 1 EL Zucker
- 4 gekochte Krebsscheren, zum Garnieren
- ½ lange rote Chili, entkernt, in feine Ringe geschnitten, zum Garnieren
- 2 Frühlingszwiebeln, fein gehackt, zum Garnieren

4 PORTIONEN

DAS ÖL im Wok oder in der Pfanne erhitzen und den Knoblauch bei mittlerer Hitze unter Rühren hellbraun anbraten. Mit einem Spatel den Knoblauch an den Rand schieben. Die Eier in die Pfanne geben und 1 bis 2 Minuten verrühren. Den Reis, das Krebsfleisch und die Zwiebel 1 bis 2 Minuten unterrühren.

WASSERKASTANIEN, Ingwer, Sojasauce und Zucker hinzufügen und 1 Minute umrühren. Abschmecken.

AUF einen Servierteller füllen und mit den Krebsscheren garnieren. Mit Chiliringen und Frühlingszwiebeln bestreuen.

THAILAND KULINARISCH ENTDECKEN

REIS DER BERGVÖLKER Die Bergvölker im Norden mähen und dreschen den Reis von Hand. Der geerntete Reis wird zwischen zwei Stöcke geklemmt und an den Seiten einer großen Schale gedroschen, bis die Körner aus den Halmen fallen. Diese werden dann durch die Luft geschleudert, damit möglichst viele Spelzen davonfliegen. Schließlich wird der Reis auf einer ebenen Fläche zum Trocknen ausgebreitet.

KULTUR

Reis wird je nach Anbaugebiet mit verschiedenen Methoden kultiviert. Normalerweise reift die Reisernte in 100 bis 200 Tagen heran, je nach Sorte und Klima. Schnell reifende Sorten liefern in manchen Regionen zwei Ernten pro Jahr, in anderen Gegenden werden langsam und schnell wachsende Sorten kombiniert, um die Erntezeit zu verlängern und die Arbeit besser zu verteilen.

Reis kann in Nassfeldern angebaut werden, aber auch auf Trockenfeldern, die nur durch Regen bewässert werden. Diese Methode wenden vor allem die Bergvölker im Norden Thailands an. Sie bewirtschaften die Felder im Wechsel, wenn der Boden erschöpft ist, und roden nach Bedarf neue Waldflächen. In diesen Regionen gibt es kaum Arbeit sparendes Gerät. Die Familien eines Volkes helfen einander bei der Arbeit. Während der Monsunzeit von Juli bis Oktober, manchmal auch im November, wird gepflanzt.

Im Nassreisanbau wird entweder direkt ausgesät, was weniger arbeitsintensiv, aber auch weniger regelmäßig ist, oder in kleinen Feldern vorgezogen, wo die jungen Pflanzen besser gepflegt werden können, und dann ausgepflanzt. Nassreisfelder liegen tief zwischen Dämmen und werden über Kanäle bewässert. Die Kanäle werden vom Regen während der Monsunzeit aufgefüllt. Der Reis wird von den Bauern oder der Dorfgemeinschaft geerntet, getrocknet und geschält, oder aber als Rohreis an eine Mühle verkauft.

KOMMERZIELLER REISANBAU Statt in große Ländereien zu investieren, auf denen Reis angebaut wird, kaufen die meisten Reisfirmen ungeschälten Reis von den Bauern aus der Umgebung. Nach der Ernte wird der Reis eingesackt und kontrolliert. Hochwertiger Reis wird aufgekauft und verarbeitet. In der Chia-Meng-Mühle wird der Reis auf Reife und den Anteil von Jasmin- oder Duftreis geprüft. Der Reis wird zum

REIS

REIS *(KHAO)* IST DAS GRUNDNAHRUNGSMITTEL THAILANDS UND EIN WESENTLICHER BESTANDTEIL DES LEBENS, DER KULTUR UND DER TRADITIONEN. DER GRUSS *KIN KHAO LAEW REU YANG* BEDEUTET WÖRTLICH: »HABEN SIE SCHON REIS GEGESSEN?« REIS IST NICHT BESTANDTEIL DER MAHLZEIT, ER IST DIE MAHLZEIT SELBST. ALLES ANDERE IST BEILAGE.

Möglicherweise hat der Reisanbau seinen Ursprung in Thailand. Wilder Reis stammt ungefähr aus der Region von Ober-Assam, Burma, Nordthailand, Südwestchina und Nordvietnam – einem fruchtbaren Landstrich, der heute ganz dem Reisanbau gewidmet ist. Die Bevölkerung kultivierte bereits Reis auf Land, das später zum Königreich Thailand gehören sollte, während in China noch größtenteils Hirse gegessen wurde. Die Reiskultur führte zum Bau von Siedlungen, weil die Nassreisfelder gepflegt werden mussten.

Reis erhielt wirtschaftliche Bedeutung für Thailand, als er anderswo zum Grundnahrungsmittel wurde. Arabische und indische Händler brachten ihn nach Indien und den Nahen Osten, die Chinesen integrierten ihn in ihre Küche, bis er dort ebenfalls Grundnahrungsmittel wurde. Thailand ist einer der größten Reisexporteure der Welt und versorgt sich mit diesem lebenswichtigen Gut auch selbst.

REISARTEN

Der meiste Reis, der in Thailand gegessen wird, stammt aus regionalem Anbau. Im Norden und Nordosten wird Klebreis

REISNUDELN *(Kuaytiaw)* Reismehl wird mit Wasser gemischt, die Paste auf Tabletts ausgebreitet und gedämpft, bevor sie in verschieden breite Streifen geschnitten werden. Breite Nudeln heißen *Sen Yai,* breite Linie, mittelbreite *Sen Lek* oder kleine Linie und dünne Nudeln *Sen Mii* oder Liniennudeln. Sie werden frisch oder getrocknet auf dem Markt und abgepackt verkauft und in Suppen oder Pfannengerührtem gegessen.

Trocknen in der Sonne ausgebreitet, dann gereinigt, geschält, poliert und nach gebrochenen und ganzen Körnern sortiert. Schließlich werden verschiedene Korngrößen durch Sieben getrennt und abgepackt. Gebrochene und kleinere Körner werden regional verkauft. Reis der neuen Ernte wird oft auch nach Singapur exportiert, älterer, härterer Reis nach Hongkong. Kleinere Unternehmen mischen alten und neuen Reis.

bevorzugt, ansonsten ist Langkornreis häufiger. Klebreis wird in weißer und »schwarzer« Form auch für Desserts verwendet. Langkornreis gibt es zu jedem Essen außer zu Snacks. Meist isst man einen Löffel pur, erst dann kommen Beilagen dazu, aber nie zu viel. Klebreis wird mit einer Hand zu einer Kugel gerollt, mit der dann eine Beilage oder Sauce aufgedippt wird. Er wird immer mit der Hand gegessen.

QUALITÄT

Qualität spielt beim Reis in Thailand eine wichtige Rolle. Jasminreis mit seinem blumigen Duft gilt als die beste Sorte Langkornreis. Wie Weinkenner können manche Thailänder auch beim Reis das Alter, die Herkunft und die Anbaumethode bestimmen. Reis wird meist innerhalb von 12 bis 18 Monaten nach der Ernte gegessen. Am besten schmeckt er nach drei Monaten, denn wenn er noch sehr frisch und feucht ist, klebt er mehr. Je trockener der Reis wird, desto mehr Wasser braucht er zum Kochen.

KLEBREIS wird oft in Verpackungen gedämpft. Dafür wird er über Nacht in Wasser eingeweicht, dann in Bambusröhren gesteckt, die an einem Ende verschlossen werden. Dazu kommt Kokosmilch mit Salz und Zucker. Dann wird der Bambus auf Holzkohle gegrillt. Kleine Klebreispäckchen dämpft man auch in Blättern. Dazu eignen sich Bananen-, Kokos- und Lotusblätter.

THAILAND KULINARISCH ENTDECKEN

REIS DER BERGVÖLKER Die Bergvölker im Norden mähen und dreschen den Reis von Hand. Der geerntete Reis wird zwischen zwei Stöcke geklemmt und an den Seiten einer großen Schale gedroschen, bis die Körner aus den Halmen fallen. Diese werden dann durch die Luft geschleudert, damit möglichst viele Spelzen davonfliegen. Schließlich wird der Reis auf einer ebenen Fläche zum Trocknen ausgebreitet.

KULTUR

Reis wird je nach Anbaugebiet mit verschiedenen Methoden kultiviert. Normalerweise reift die Reisernte in 100 bis 200 Tagen heran, je nach Sorte und Klima. Schnell reifende Sorten liefern in manchen Regionen zwei Ernten pro Jahr, in anderen Gegenden werden langsam und schnell wachsende Sorten kombiniert, um die Erntezeit zu verlängern und die Arbeit besser zu verteilen.

Reis kann in Nassfeldern angebaut werden, aber auch auf Trockenfeldern, die nur durch Regen bewässert werden. Diese Methode wenden vor allem die Bergvölker im Norden Thailands an. Sie bewirtschaften die Felder im Wechsel, wenn der Boden erschöpft ist, und roden nach Bedarf neue Waldflächen. In diesen Regionen gibt es kaum Arbeit sparendes Gerät. Die Familien eines Volkes helfen einander bei der Arbeit. Während der Monsunzeit von Juli bis Oktober, manchmal auch im November, wird gepflanzt.

Im Nassreisanbau wird entweder direkt ausgesät, was weniger arbeitsintensiv, aber auch weniger regelmäßig ist, oder in kleinen Feldern vorgezogen, wo die jungen Pflanzen besser gepflegt werden können, und dann ausgepflanzt. Nassreisfelder liegen tief zwischen Dämmen und werden über Kanäle bewässert. Die Kanäle werden vom Regen während der Monsunzeit aufgefüllt. Der Reis wird von den Bauern oder der Dorfgemeinschaft geerntet, getrocknet und geschält, oder aber als Rohreis an eine Mühle verkauft.

THAILAND KULINARISCH ENTDECKEN

Nassreisfelder sind in Thailand ein häufiger Anblick; die Bauern helfen einander bei der Pflanzung und der Ernte.

GEMÜSE

PHAT MA-KHEUA
THAI-AUBERGINEN UND KIRSCHTOMATEN

EINE MISCHUNG VERSCHIEDENER THAI-AUBERGINEN MACHT DIESES GERICHT ZWAR OPTISCH INTERESSANTER, ABER MIT NUR EINER SORTE SCHMECKT ES GENAUSO GUT. DIE AUBERGINEN VERFÄRBEN SICH BEIM KOCHEN, ABER IHR GESCHMACK BLEIBT GLEICH.

12 kleine runde Thai-Auberginen, grün, gelb oder violett
1 TL Fischsauce, plus 1 EL
1 EL Pflanzenöl
1 kleine rote Chili, gehackt
1 EL fein geschnittener Ingwer
2 Schalotten, fein gehackt
1 Knoblauchzehe, gehackt
150 g Kirschtomaten
2 EL schwarzer Essig
2 EL Palmzucker
12–18 Blätter Anis-Basilikum

4 PORTIONEN

DIE Auberginen halbieren und in einer Schüssel mit 1 TL Fischsauce wenden. Etwa 8 cm Wasser im Wok zum Kochen bringen. Die Auberginen in einen Bambus-Dämpfeinsatz auf das kochende Wasser setzen und 15 Minuten dämpfen.

DAS Öl im Wok erhitzen und Chili, Ingwer, Schalotten und Knoblauch in 15 Sekunden anbraten. Auberginen und Tomaten hinzufügen und gut mischen. Essig, Zucker und restliche Fischsauce dazugeben und 2 bis 3 Minuten kochen, bis die Sauce dicker wird. Die Basilikumblätter unterrühren und servieren.

PHAT CHAI SIM NAAM-MAN HAWY
BROKKOLI MIT AUSTERNSAUCE

BROKKOLI MIT AUSTERNSAUCE

350 g Chinesischer Brokkoli, in Stücke geschnitten
1 EL Pflanzenöl
2 Knoblauchzehen, fein gehackt
1 EL Austernsauce
1 EL helle Sojasauce

4 PORTIONEN

DEN Brokkoli 2 bis 3 Minuten in Salzwasser blanchieren, dann gründlich abtropfen lassen.

DAS Öl im Wok oder in der Pfanne erhitzen und den Knoblauch bei mittlerer Hitze unter Rühren hellbraun anbraten. Den Brokkoli, die Hälfte der Austernsauce und die Sojasauce hinzufügen. Bei starker Hitze 1 bis 2 Minuten unter Rühren anbraten, bis die Stängel gerade gar sind. Mit der restlichen Austernsauce beträufeln.

THAILAND KULINARISCH ENTDECKEN

YAM TUA PHUU
FLÜGELBOHNENSALAT

DIESER FRISCHE, KNACKIGE SALAT SIEHT SEHR ATTRAKTIV AUS. FLÜGELBOHNEN HABEN VIER GERÜSCHTE RÄNDER UND EINEN DEKORATIVEN QUERSCHNITT.

Öl zum Braten
75 g Schalotten, in feine Ringe geschnitten
175 g Flügelbohnen
55 g gekochtes Huhn, gehackt
1 Stängel Zitronengras, nur das Weiße, in feine Scheiben geschnitten
2 EL getrocknete Garnelen, gemahlen
1 1/2 EL Fischsauce
3–4 EL Limonensaft
1/2 lange rote Chili oder 1 kleine rote Chili, fein gehackt
55 g geröstete, gesalzene Erdnüsse
125 ml Kokosmilch (Seite 279), zum Garnieren

4 PORTIONEN

BEI mittlerer Hitze 2,5 cm Öl im Wok oder einer Pfanne erhitzen. Die Schalotten in 3 bis 4 Minuten hellbraun frittieren (nicht verbrennen lassen). Mit dem Schaumlöffel herausnehmen und auf Küchenpapier abtropfen lassen.

DIE Flügelbohnen schräg in dünne Streifen schneiden. In kochendem Wasser 30 Sekunden blanchieren und für 1 bis 2 Minuten mit kaltem Wasser abschrecken. Abtropfen lassen und in eine Schüssel geben. Mit Hühnerfleisch, Zitronengras, Garnelen, Fischsauce, Limettensaft, Chili und die Hälfte der Erdnüsse vermengen. Mit einem Löffel mischen. Abschmecken.

DEN Salat in einer Servierschüssel mit der Kokosmilch beträufeln, mit den frittierten Schalotten und den restlichen Erdnüssen bestreuen.

PHAT PHAK BUNG
PFANNENGERÜHRTER WASSERSPINAT

IN CHINA HEISST DIESES GEMÜSE ONG CHOY, IN THAILAND IST ES UNTER DEM NAMEN PHAK BUNG BELIEBT. ES HAT LANGE, DÜNNE STÄNGEL UND GROSSE BLÄTTER, DIE BEIDE GUT SCHMECKEN. WASSERSPINAT IST IM ASIA-MARKT ERHÄLTLICH.

1 1/2 EL Austernsauce
1 TL Fischsauce
1 EL gelbe Bohnensauce
1/4 TL Zucker
1 1/2 EL Pflanzenöl
2–3 Knoblauchzehen, fein gehackt
350 g Wasserspinat, in 5 cm lange Stücke geschnitten
1 Vogelaugenchili, rot, leicht zerdrückt (nach Geschmack)

4 PORTIONEN

IN einer kleinen Schüssel Austernsauce, Fischsauce, gelbe Bohnensauce und Zucker mischen.

DAS Öl im Wok oder einer Pfanne erhitzen, den Knoblauch bei mittlerer Hitze unter Rühren hellbraun anbraten. Die Hitze stark erhöhen, die Wasserspinat-Stängel hinzufügen und 1 bis 2 Minuten unter Rühren anbraten. Die Blätter, die Saucenmischung und die zerdrückte Chilischote hinzufügen und eine weitere Minute unter Rühren braten.

PFANNENGERÜHRTER WASSERSPINAT

FLÜGELBOHNENSALAT

THAILAND KULINARISCH ENTDECKEN

PHAT THUA FAK YAO
PFANNENGERÜHRTE SPARGELBOHNEN

SPARGELBOHNEN SIND LANGE GRÜNE BOHNEN, DIE MEIST IN ROLLEN VERKAUFT WERDEN, ÄHNLICH UNSEREN BRECHBOHNEN. DAS GERICHT SCHMECKT AUCH OHNE HÜHNERFLEISCH, IST DANN ABER NICHT VEGETARISCH, WEIL DIE ROTE CURRYPASTE FISCHSAUCE UND GARNELENPASTE ENTHÄLT.

2 EL Pflanzenöl
2 EL rote Currypaste (Seite 276) oder fertige Paste
350 g gehäutetes Hühnerbrustfilet, in dünne Scheiben geschnitten
350 g Spargelbohnen, schräg in 2,5 cm lange Stücke geschnitten
1 EL Fischsauce
25 g Zucker
4 Kaffirlimettenblätter, sehr fein gehackt

4 PORTIONEN

DAS Öl im Wok oder einer Pfanne erhitzen und die rote Currypaste bei mittlerer Hitze 2 Minuten unter Rühren anbraten. Das Huhn hinzufügen und unter Rühren in 4 bis 5 Minuten garen. Bohnen, Fischsauce und Zucker zufügen und weitere 4 bis 5 Minuten rühren.

AUF einen Servierteller mit den Limettenblättern bestreuen.

KÜRBIS MIT CHILI UND BASILIKUM

PHAT FAK THAWNG KUB PHRIK
KÜRBIS MIT CHILI UND BASILIKUM

3 EL getrocknete Garnelen
½ TL Garnelenpaste
2 Korianderwurzeln
10–12 weiße Pfefferkörner
2 Knoblauchzehen, gehackt
2 Schalotten, gehackt
125 ml dicke Kokosmilch (Seite 279)
300 g Butternut-Kürbis, in 4 cm große Würfel geschnitten
2 große rote Chilis, der Länge nach halbiert
125 ml dünne Kokosmilch (Seite 279)
1 EL Fischsauce
1 EL Palmzucker
2 TL Limonensaft
12 Blätter Anis-Basilikum

4 PORTIONEN

IN einer Schüssel Wasser 2 EL getrocknete Garnelen 20 Minuten einweichen und abgießen.

DIE restlichen getrockneten Garnelen, Garnelenpaste, Koriander, Pfeffer, Knoblauch und Schalotten im Mörser oder Mixer zu einer Paste verarbeiten.

DIE dicke Kokosmilch in einem Topf zum Kochen bringen und 5 Minuten köcheln. Die Paste hinzufügen und gut verrühren. Weitere 2 bis 3 Minuten kochen, dann Kürbis, Chilis, eingeweichte Garnelen und dünne Kokosmilch hinzufügen. Alle Zutaten gut verrühren und 10 bis 15 Minuten kochen, bis der Kürbis gerade gar ist. Er darf nicht zerkochen.

FISCHSAUCE, Palmzucker und Limonensaft dazu geben und weitere 2 bis 3 Minuten kochen. Vor dem Servieren das Basilikum unterrühren.

PHAT PAK RUAM
PFANNENGERÜHRTES MISCHGEMÜSE

MÖHREN, ZUCKERSCHOTEN UND SPARGEL SIND NICHT TRADITIONELL THAILÄNDISCH, WERDEN INZWISCHEN ABER HÄUFIG ANGEBAUT UND GEGESSEN. IM NORDWESTEN DES LANDES HERRSCHT DAS RICHTIGE KLIMA FÜR GEMÜSE AUS KÜHLEREN REGIONEN.

Das Gemüse sollte möglichst gleich groß geschnitten werden.

4 dünne Stangen Spargel
4 Maiskölbchen
50 g Spargelbohnen
110 g rote und gelbe Paprika
½ kleine Möhre
50 g Chinesischer Brokkoli oder Brokkoliröschen
25 g Zuckerschoten
2 cm Ingwer, in feine Scheiben geschnitten
1 EL Fischsauce
1 ½ EL Austernsauce
2 EL Gemüsebrühe oder Wasser
½ TL Zucker
1 ½ EL Pflanzenöl
3–4 Knoblauchzehen, fein gehackt
2 Frühlingszwiebeln, in Ringe geschnitten

4 PORTIONEN

DIE Spargelspitzen abschneiden und die Stangen in 5 cm lange Stücke schneiden. Die Maiskölbchen der Länge nach halbieren, die Spargelbohnen in 2,5 cm lange Stücke schneiden. Schräg schneiden. Die Paprikaschoten halbieren, entkernen und die Schoten in mundgerechte Stücke schneiden. Die Möhre schälen und in Stifte schneiden.

SPARGEL, Mais, Bohnen und Brokkoli in kochendem Salzwasser 30 Sekunden blanchieren. In einer Schüssel mit Eiswasser abschrecken, damit sie knackig bleiben. Abgießen und in einer Schüssel mit Paprika, Möhre, Zuckerschoten, Spargelspitzen und Ingwer mischen.

IN einer kleinen Schüssel Fischsauce, Austernsauce, Brühe und Zucker mischen.

DAS Öl im Wok oder in einer Pfanne erhitzen und den Knoblauch unter Rühren bei mittlerer Hitze hellbraun anbraten. Das Gemüse und die gemischten Saucen zufügen, dann bei starker Hitze unter Rühren 2 bis 3 Minuten braten. Abschmecken. Frühlingszwiebeln hinzufügen und mischen.

THAILAND KULINARISCH ENTDECKEN

NAAM PHRIK AWNG
WÜRZIGER TOMATENDIP

DIESER BERÜHMTE DIP AUS CHIANG MAI WIRD ALS HAUPTGERICHT MIT BLANCHIERTEM GEMÜSE WIE AUBERGINEN- ODER KOHLSPALTEN, SPARGELBOHNEN, KÜRBIS ODER SPARGEL SERVIERT. AUCH FRITTIERTE SCHWEINESCHWARTE PASST GUT DAZU.

1 getrocknete, lange rote Chilis
1 Stängel Zitronengras, nur das Weiße, in feine Ringe geschnitten
4 Schalotten, fein gehackt
2–3 Knoblauchzehen, grob gehackt
½ TL Garnelenpaste
1 ½ EL Pflanzenöl
175 g fettes Schweinehackfleisch
450 g Tomaten, fein gehackt
2 EL Fischsauce
1 EL Zucker
3 EL Tamarindenmus
gemischtes Gemüse wie Auberginenspalten, Spargelbohnenstücke, Kohlspalten, Spargel, Maiskölbchen, Kürbisstücke, zum Servieren
einige Korianderblätter, zum Garnieren
Schweineschwarte, frittiert, zum Servieren

4 PORTIONEN

DIE Chili der Länge nach aufschlitzen und alle Samen entfernen. In heißem Wasser 1 bis 2 Minuten einweichen, abgießen und grob hacken. Im Mörser Chili, Zitronengras, Schalotten und Knoblauch zu einer Paste verarbeiten. Garnelenpaste untermischen. Eventuell Chili, Zitronengras, Schalotten, Knoblauch und Garnelenpaste im Mixer glatt pürieren.

DAS Öl in einem Topf oder im Wok erhitzen und die Paste bei mittlerer Hitze 2 Minuten unter Rühren anbraten. Das Hackfleisch hinzufügen und 2 bis 3 Minuten weiter braten. Tomaten, Fischsauce, Zucker und Tamarindenmus hinzufügen. Die Hitze reduzieren und das Ganze 25 bis 30 Minuten köcheln lassen, bis die Mischung dicker wird.

FESTES Gemüse wie Auberginen, Spargelbohnen, Spargel und Kürbis kurz blanchieren und gut abtropfen lassen.

DIE Sauce abschmecken. Sie sollte drei Geschmacksrichtungen haben: süß, sauer und leicht salzig. In eine Servierschüssel füllen und mit Korianderblättern garnieren. Mit dem blanchierten Gemüse und der Schweineschwarte servieren.

NAAM PHRIK KA-PI
DIP MIT GARNELENPASTE

DIESER SCHARFE DIP WIRD ZU GEGRILLTEM ODER FRITTIERTEM FISCH, ZU OMELETT UND FRISCHEM GEMÜSE WIE AUBERGINEN, GURKEN, FLÜGELBOHNEN UND SPARGELBOHNEN GEREICHT. DIE ANZAHL DER CHILIS KANN NACH GESCHMACK VARIIERT WERDEN.

3–4 Knoblauchzehen
2 TL Garnelenpaste
2–3 kleine rote und grüne Chilis
3–4 Thai-Auberginen (nach Geschmack)
1 TL Zucker
1 EL Fischsauce
2 EL Limonensaft
rohes gemischtes Obst und Gemüse wie Thai-Auberginen, Gurkenstifte, Flügelbohnen, Spargelbohnen, Frühlingszwiebeln, Pomelospalten, Javaapfelstücke, zum Servieren

4 PORTIONEN

DEN Knoblauch im Mörser zu einer groben Paste zerstoßen. Die Garnelenpaste hinzufügen und weiter stoßen. Die Chilis hinzufügen und leicht zerdrücken, damit die Schärfe herauskommt (vorsichtig, damit der Saft nicht spritzt). Die Auberginen hinzufügen und leicht stoßen. Zucker, Fischsauce und Limonensaft leicht unterrühren. Abschmecken.

FALLS kein Mörser vorhanden ist, den fein gehackten Knoblauch in einer Schüssel mit dem Löffelrücken zu einer Paste verarbeiten. Garnelenpaste gut untermischen. Die Chilis hinzufügen und mit der Gabel zerdrücken. Die Aubergine leicht am Rand der Schüssel zerdrücken. Zucker, Fischsauce und Limettensaft unterrühren.

IN einer kleiner Servierschüssel mit dem Gemüse servieren.

Wenn die Zutaten zerstoßen sind, Zucker, Fischsauce und Limonensaft hinzufügen.

DESSERTS

THAILAND KULINARISCH ENTDECKEN

KHAO NIAW MAMUANG
KLEBREIS MIT MANGO

IN THAILAND IST DIE MANGOSAISON IM APRIL. MANCHE MANGOS SCHMECKEN GRÜN UND KNACKIG BESSER, ANDERE, WENN SIE REIF SIND. ES GIBT EINE GROSSE AUSWAHL AN GESCHMACKSRICHTUNGEN. KLEBREIS MIT MANGO GILT ALS EINS DER BESTEN THAI-DESSERTS.

4 große reife Mangos
1 Rezept Klebreis mit Kokosmilch (Seite 280)
170 ml dicke Kokosmilch (Seite 279) mit ¼ TL Salz, zum Garnieren
2 EL trocken geröstete Mungobohnen, nach Wunsch

4 PORTIONEN

DIE Mangos schälen und das äußere Fruchtfleisch in großen Stücken abschneiden. Nicht zu nahe am Stein schneiden, wo das Fleisch faserig wird. Den Stein wegwerfen. Das Fruchtfleisch der Länge nach in je 8 bis 10 Stücke schneiden.

DIE Mango auf einem Teller anrichten. Daneben eine Portion gedämpften Klebreis mit Kokosmilch geben. Die dicke Kokosmilch darüber verteilen und mit den Mungobohnen bestreuen. Bei Zimmertemperatur servieren.

BANANEN IN KOKOSCREME

KLUAY BUAT CHII
BANANEN IN KOKOSCREME

ES GIBT ÜBER 20 BANANENSORTEN IN THAILAND, DIE ALLE IN DER KÜCHE VERWENDET WERDEN. FÜR DIESES REZEPT EIGNEN SICH SEHR SÜSSE, EHER KLEINE BANANEN.

400 ml Kokosmilch (Seite 279)
4 EL Zucker
5 gerade reife Bananen
½ TL Salz

4 PORTIONEN

KOKOSMILCH, Zucker und 125 ml Wasser in einem Topf zum Kochen bringen. Bei schwacher Hitze köcheln, bis der Zucker sich aufgelöst hat.

DIE Bananen schälen und in 5 cm lange Stücke schneiden. Sehr kleine Bananen eventuell ganz lassen.

WENN der Zucker sich in der Kokosmilch aufgelöst hat, die Bananen hinzufügen und salzen. Bei schwacher bis mittlerer Hitze 5 Minuten kochen lassen, bis die Bananen weich sind.

BANANEN und Kokoscreme auf vier Schüsseln verteilen. Warm oder bei Zimmertemperatur servieren.

SAKU PEAK KAB MA PRAO ON
TAPIOKAPUDDING MIT JUNGER KOKOSNUSS

170 ml Kokosmilch (Seite 279)
¾ TL Salz
110 g Tapioka oder Sago
6 Pandanusblätter
60 g feiner Zucker
150 g junges Kokosfleisch in Sirup (Dose), abgetropft

4 PORTIONEN

IN einem kleinen Topf die Kokosmilch mit ½ TL Salz verrühren.

IN einem mittelgroßen Topf 1 Liter Wasser zum Kochen bringen. Tapioka und Pandanusblätter hinzufügen, 15 bis 20 Minuten bei mittlerer Hitze köcheln lassen und gelegentlich mit einem Holzlöffel umrühren. Rühren, bis die Körner dick, durchsichtig und glänzend sind. Eventuell die Hitze reduzieren. Zucker und ¼ TL Salz hineingeben und rühren, bis der Zucker aufgelöst ist. Die Tapiokakörner sollten jetzt fast gar sein. Das Kokosfleisch vorsichtig unterrühren. Die Pandanusblätter herausnehmen. 5 Minuten andicken lassen, dann auf einzelne Schüsseln verteilen. Mit Kokosmilch beträufeln. Warm servieren.

Tapioka und Pandanusblätter gelegentlich umrühren.

KLUAY THAWT
FRITTIERTE BANANEN

VOR JAHREN WUCHSEN DIE KINDER IN THAILAND MIT DIESEM KÖSTLICHEN SNACK AUF. HEUTE IST ER AUF DER STRASSE SELTENER ZU FINDEN. DAFÜR LÄSST ER SICH LEICHT SELBST HERSTELLEN. FÜR EINE ANDERE VERSION WERDEN NEBEN BANANEN AUCH SÜSSKARTOFFELN VERWENDET.

TEIG
125 g Mehl
1 ¼ TL Backpulver
2 TL Zucker
¼ TL Salz
25 g geriebenes Kokosmark (Seite 279) oder getrocknetes Kokosmark
2 EL Sesam
350 ml zimmerwarmes Wasser

Pflanzenöl zum Frittieren
4 reife Bananen

4 PORTIONEN

MEHL, Backpulver, Zucker, Salz, Kokosmark und Sesam mischen. Das Wasser hinzufügen und mit einem Löffel oder einer Gabel glattrühren.

BEI mittlerer Hitze 7,5 cm im Wok oder einer tiefen Pfanne erhitzen. Wenn das Öl heiß scheint, etwas Teig hineinfallen lassen. Wenn es sofort zischt, ist das Öl heiß genug. Es darf auch nicht zu heiß sein, damit der Teig nicht verbrennt.

DIE Bananen der Länge nach halbieren und in 5 cm lange Stücke schneiden. Den Backofen auf 150 °C/Gas 2 vorheizen. Die Stücke einzeln in den Teig tauchen und in das heiße Öl gleiten lassen. Etwa 5 Stücke gleichzeitig in 3 bis 4 Minuten goldbraun frittieren und mit dem Schaumlöffel herausnehmen. Auf Küchenpapier abtropfen lassen und im Backofen warm halten. Warm servieren.

FRITTIERTE BANANEN

THAILAND KULINARISCH ENTDECKEN

THAPTHIM KRAWP
KNUSPER-RUBINE

KNUSPER-RUBINE ERINNERN AN FUNKELNDE GRANATAPFELBISSEN. DIE ZUTATEN WIRKEN VIELLEICHT ETWAS SELTSAM, ABER KNUSPER-RUBINE SIND SEHR BELIEBT UND SCHMECKEN HERVORRAGEND, BESONDERS MIT EIS UND DICKER KOKOSMILCH.

8–10 Tropfen rosa oder rote Lebensmittelfarbe
2 x 225 g Wasserkastanien, abgetropft, jede Kastanie in 10–12 Stücke geschnitten
150 g Tapiokamehl
250 g Zucker
185 ml Kokosmilch (Seite 279)
¼ TL Salz
zerstoßenes Eis, zum Servieren

6 PORTIONEN

DIE Lebensmittelfarbe in 60 ml Wasser auflösen. Die Wasserkastanien mit einem Löffel untermischen. Etwa 10 Minuten stehen lassen, bis die Stückchen rosa werden, dann abgießen und trocknen lassen.

DAS Tapiokamehl in eine Plastiktüte füllen. Die rosa Wasserkastanien hinzufügen und schütteln, bis sie ganz bedeckt sind. Überschüssiges Mehl abschütteln. In einem Topf Wasser zum Kochen bringen. Die Hälfte der Wasserkastanien hineingeben und 1 bis 2 Minuten kochen, bis sie an der Oberfläche treiben. Mit dem Schaumlöffel herausnehmen und in einer Schüssel mit kaltem Wasser abschrecken. Mit den restlichen Wasserkastanien wiederholen. Alles abtropfen lassen.

IN einem kleinen Topf 250 ml Wasser mit dem Zucker erhitzen, bis die Mischung kocht; dabei ständig umrühren. Bei mittlerer Hitze 5 bis 10 Minuten köcheln lassen, bis die Flüssigkeit zu einem dicken Sirup eingekocht ist.

DIE Kokosmilch in einem kleinen Topf mit dem Salz mischen und bei mittlerer Hitze 1 bis 2 Minuten kochen, bis sie leicht cremig ist.

DIE Wasserkastanien auf einzelne Schalen verteilen, darauf einige Löffel Zuckersirup und Kokoscreme geben. Mit Eis bestreuen und kalt servieren.

Die gefärbten, mit Mehl bestäubten Wasserkastanien in zwei Portionen kochen. Herausnehmen, wenn sie oben treiben.

Detail eines Wat in Ratchaburi.

KHAO NIAW DAM
SCHWARZER KLEBREIS MIT TARO

GEMÜSE WIE TARO WIRD IN THAILAND OFT FÜR DESSERTS VERWENDET. SCHWARZER KLEBREIS IST DER WEISSE REIS NOCH MIT SPELZEN UND EHER VIOLETT ALS SCHWARZ. DEN ZUCKER ERST HINZUFÜGEN, WENN DER REIS GAR IST, SONST WIRD ER NICHT MEHR WEICH.

175 g schwarzer Klebreis
280 g Taro, in 1 cm große Quadrate geschnitten und in kaltem Wasser eingeweicht
150 g Palmzucker
1 TL Salz
185 ml Kokosmilch (Seite 279)

6 PORTIONEN

DEN Reis in eine Schüssel füllen und kaltes Wasser angießen, bis es 5 cm über dem Reis steht. Mindestens 3 Stunden einweichen, am besten über Nacht.

DEN Reis abgießen und sauberes Wasser auffüllen. Den Reis vier- bis fünfmal durch die Finger laufen lassen. Zwei- bis dreimal mit klarem Wasser wiederholen, um die überschüssige Stärke zu entfernen. (Bei schwarzem Reis wird das Wasser nie ganz klar, auch wenn die Stärke abgespült ist.) Den Reis in einen Topf geben und 625 ml kaltes Wasser angießen.

ZUM Kochen bringen, dabei häufig umrühren. Bei mittlerer Hitze unter Rühren 30 bis 35 Minuten köcheln lassen, bis fast alle Flüssigkeit aufgenommen ist. Der Reis sollte sehr feucht, im Topf aber kaum noch Wasser übrig sein. (Einige Körner probieren, um zu sehen, ob sie gar sind.)

INZWISCHEN den Taro abgießen, auf einem Teller ausbreiten und in einen Dämpfeinsatz stellen. Diesen vorsichtig auf einen Topf mit kochendem Wasser bei starker Hitze setzen. Zugedeckt 8 bis 10 Minuten dämpfen, bis der Taro gar ist.

WENN der Reis gar ist, den Zucker vorsichtig unterrühren, bis er sich auflöst. Den Taro hinzufügen und vorsichtig mischen.

DAS Salz in die Kokosmilch rühren. Den Pudding auf einzelne Schalen verteilen und mit Kokosmilch beträufeln. Warm servieren.

Schwarzer Klebreis wird oft für Desserts verwendet. Gekocht ist er dunkel violettrot

Akah-Armbänder auf dem Markt.

THAILAND KULINARISCH ENTDECKEN

SANGKAYA FAK THAWNG
KÜRBIS MIT CREME

DAS TRADITIONELLE THAI-DESSERT MIT KOKOSMILCH UND PALM- ODER KOKOSZUCKER SCHMECKT SÜSS UND KRÄFTIG. DAFÜR EIGNEN SICH HONIGFARBENE KÜRBISSE, ENTWEDER EIN KLEINER BIS MITTELGROSSER ODER VIER SEHR KLEINE. ZUM SERVIEREN WERDEN SIE IN SPALTEN GESCHNITTEN.

2 EL Kokosmilch (Seite 279)
2 Eier
150 g Palmzucker, in sehr kleine Stücke geschnitten oder gerieben
2–3 Pandanusblätter, getrocknet, in kleine Stücke geschnitten und zerdrückt, oder 1 TL Vanilleessenz
1 kleiner bis mittelgroßer Kürbis oder 4 sehr kleine Kürbisse

4 PORTIONEN

FÜR die Creme in einer Schüssel Kokosmilch, Eier, Palmzucker, Pandanusblätter und eine Prise Salz 10 Minuten lang mit dem Löffel verrühren, bis sich der Zucker aufgelöst hat.

VORSICHTIG einen Deckel von den Kürbissen schneiden. Dabei den Kürbis sonst nirgends durchstoßen, da er an diesen Stellen leicht aufreißt. Mit einem Löffel Samen und Fasern herausholen.

DIE Creme abseihen und die Pandanusblätter wegwerfen. Die Creme in die Kürbisse füllen, sodass noch 2,5 cm Rand bleiben.

EINEN Wok oder Dämpftopf mit Wasser füllen und zugedeckt bei starker Hitze zum Kochen bringen. Die Kürbisse auf einen Teller legen, der auf einen Bambusdämpfkorb oder den Dämpfeinsatz des Woks passst. Den Teller vorsichtig auf den Dämpfeinsatz stellen. Zudecken und bei schwacher Hitze 30 bis 45 Minuten dämpfen, bis der Kürbis gar und die Creme luftig ist. Etwa alle 10 Minuten das Wasser kontrollieren und eventuell auffüllen.

DIE Platte ausschalten und den Deckel abheben. Den Kürbis vorsichtig herausnehmen und zum Abkühlen beiseite stellen. Er kann auch im Dämpftopf auf Zimmertemperatur abkühlen.

ZUM Servieren den Kürbis in dicke Spalten schneiden. Bei Zimmertemperatur oder gekühlt servieren.

DIE Creme kann auch in einer flachen Kuchenform gedämpft und löffelweise auf gedämpftem Klebreis mit Kokosmilch (Seite 280) serviert werden.

Das obere Ende der Kürbisse abschneiden und die Samen herauslöffeln. Die Creme abseihen und in die Kürbisse füllen.

THAILAND KULINARISCH ENTDECKEN

SANGKAYA
CREMES

DIE KLASSISCHE CREME, DIE IM KÜRBIS GEDÄMPFT WIRD, IST NUR EINE VON VIELEN IN THAILAND BELIEBTEN CREMES. AUSSER KOKOSNUSS, WERDEN AUCH SÜSSKARTOFFELN, JACKFRUCHT UND TARO VERWENDET. IN BANANENBECHERN SERVIEREN ODER IN KLEINE KÜRBISSE FÜLLEN.

Die Bananenbecher möglichst gerade stellen, damit die Füllung nicht herausläuft.

Bananenblätter
80 ml Kokosmilch (Seite 279)
7 Eier
275 g Palmzucker, in sehr kleine Stücke geschnitten
¼ TL Salz
5–6 frische Pandanusblätter, getrocknet, in kleine Stücke geschnitten und zerdrückt, oder 3 TL Vanilleessenz
100 g junges Kokosfleisch, in kleine Stücke geschnitten, oder orange Süßkartoffeln, Jackfrucht oder Taro, in Stifte geschnitten

6 PORTIONEN

DIE Bananenblätter für etwa 10 Sekunden in den heißen Backofen stellen oder kurz blanchieren, damit sie weich werden und nicht reißen. In 12 Kreise von etwa 13 cm Durchmesser schneiden. ein Blatt so vor sich legen, dass die Faser senkrecht verläuft. Darüber ein zweites Stück, bei dem die Faser quer verläuft. 1 cm tief und 4 cm lang (4 cm vom Rand und nicht weiter) einschlagen und mit einem spitzen Zahnstocher feststecken. Gegenüber und an den Seiten wiederholen, sodass vier Falten entstehen. Den Boden möglichst flach formen. Auf diese Weise 6 Becher herstellen. Es eignen sich auch flache, rechteckige Metallförmchen.

IN einer Schüssel Kokosmilch, Eier, Palmzucker, Pandanusblätter und eine Prise Salz 10 Minuten mit dem Löffel verrühren, bis sich der Zucker aufgelöst hat. Die Creme in eine Schüssel abseihen und die Pandanusblätter entfernen.

KOKOSNUSS, Süßkartoffeln, Taro oder Jackfrucht in die Creme geben und vorsichtig mischen. Die Creme in die Bananenbecher füllen, sodass noch 1 cm Rand bleibt.

EINEN Wok oder Dämpftopf halb mit Wasser füllen und zugedeckt bei starker Hitze zum Kochen bringen. Die Bananenbecher auf einen Teller stellen, der auf einen Bambusdämpfkorb oder den Dämpfeinsatz des Woks passt. Den Teller vorsichtig auf den Dämpfeinsatz stellen. Zudecken und bei schwacher Hitze 10 bis 15 Minuten dämpfen. Bei Zimmertemperatur oder gekühlt servieren. Die Creme kann zugedeckt im Kühlschrank 3 bis 4 Tage aufbewahrt werden.

Durian werden zum Verkauf vorbereitet

ICE CREAM KRA TI
KOKOSEIS

400 ml dünne Kokosmilch
   (Seite 279)
250 ml Crème double
2 Eier
4 Eigelb
160 g feiner Zucker
¼ TL Salz

10 PORTIONEN

KOKOSMILCH und Crème double in einen mittelgroßen Topf füllen. Bei schwacher Hitze 2 bis 3 Minuten rühren, ohne zu kochen. Vom Herd nehmen und zugedeckt auf einer Schüssel mit kochendem Wasser warm stellen.

EIER, Eigelb, Zucker und Salz in einer großen, feuerfesten Schüssel in 3 Minuten mit dem Handrührgerät schaumig schlagen.

DIE Schüssel in einen Topf mit köchelndem Wasser stellen. Weiter rühren und nach und nach die Kokosmischung hinzufügen, bis die Creme dicker wird. Das dauert 8 bis 10 Minuten. Die Creme sollte an der Rückseite eines Löffels hängenbleiben. Nicht kochen, da sie sonst gerinnt. Zum Abkühlen beiseite stellen, dabei gelegentlich umrühren. In eine Tiefkühlbox oder in die Eismaschine geben. Während des Einfrierens mindestens zweimal aus dem Gefrierfach nehmen und die Creme mit dem Handrührgerät aufschlagen, damit reichlich Luft hineinkommt. Zugedeckt einfrieren. In Bällchen servieren und mit Kokosscheiben garnieren.

MANGOSORBET

ICE CREAM MAMUANG
MANGOSORBET

3 reife Mangos
150 g Palmzucker
abgeriebene Schale und Saft von
   1 Limone

4 PORTIONEN

DIE Mangos schälen und das Fruchtfleisch von den Steinen lösen. In kleine Stücke hacken. Den Zucker und 185 ml Wasser in einem Topf zum Kochen bringen. Die Hitze reduzieren und die Flüssigkeit auf die Hälfte einkochen. Zuckersirup, Mango, Limonenschale und -saft im Mixer pürieren.

IN eine Tiefkühlbox oder in die Eismaschine füllen. Während des Einfrierens mindestens zweimal aus dem Gefrierfach nehmen und das Sorbet mit dem Handrührgerät aufschlagen, damit reichlich Luft hineinkommt und es nicht zu hart wird. Zudecken und einfrieren.

PALMEN Die Provinz Phetchaburi ist für ihre Süßigkeiten berühmt – und sie ist das Land der Palmen. Kokos- und Zuckerpalmen liefern den Süßwarenherstellern Rohstoffe. Kokosnüsse werden frisch und getrocknet verwendet. Frisch ist das Fruchtfleisch geleeartig weich und enthält viel Flüssigkeit (links). Älteres, trockeneres Fruchtfleisch wird zerkleinert (unten Mitte) und zum Garnieren verwendet. Mit Kokosnuss wird in

SÜSSIGKEITEN

IN THAILAND BEZEICHNET DER BEGRIFF *KHWANG WAAN*, SÜSSE SACHEN, ALLES WAS SÜSS IST – DESSERTS, SÜSSE SNACKS UND SÜSSIGKEITEN IM ENGEREN SINN. DIE MEISTEN *KHWANG WAAN* WERDEN EHER ALS SNACKS GEGESSEN UND NICHT ALS NACHTISCH, TROTZDEM KANN EIN MENÜ MIT EINEM SÜSSEN GERICHT ENDEN.

Süße Sachen gehören schon immer zur Thai-Küche. Ursprünglich wurden sie mit zerdrückten Bohnen, Kokosnuss, Reis, Zucker und Obst hergestellt. Der Gedanke, dies mit Eiern und Teig zu kombinieren, kam mit den Portugiesen ins Land. Noch später trat die Eiscreme ihren Siegeszug an.

STRUKTUR, FARBE UND AROMA
Thailändische Süßigkeiten unterscheiden sich von den europäischen in Struktur und Aroma. Eiercremes und Kuchen erinnern zwar an europäische Desserts, sind aber meist viel süßer. Anders als in Europa würzt man Kokosnussdesserts und -süßigkeiten mit Salz, um mit der Süße zu kontrastieren. Blüten- und Blattaromen, etwa von Jasmin oder Pandanus, werden für Zuckersirup verwendet. Beliebte Strukturen sind

Blättern gedämpfter Klebreis aromatisiert (gegenüber unten rechts, diese Seite unten links). Palmzucker gibt es in verschiedenen Graden, der beste stammt aus der Provinz Phetchaburi. Meist wird er in Scheiben oder Stäben verkauft (unten Mitte), weichere Arten aber auch in Fässern. Mit Palmzucker werden Thai-Waffeln gesüßt (oben) und duftender Sirup für »feuchte« Süßigkeiten und Schichtspeisen hergestellt.

Gelee, Creme und klebriger Reis. Oft kombinieren die Thailänder verschiedene Strukturen, etwa in Desserts wie den »grünen Schnüren«, grüner Teig wird mit zerstoßenem Eis, Zuckersirup und Kokossaft serviert. Die Farben tragen Pandanus (grün), Eigelb (gelb), Kokosasche und Sesam (schwarz) bei. Knackig werden die Desserts durch Lotussamen, Bohnen, Zuckermaiskörner und Wasserkastanien. Obst wird frisch gegessen, aber auch kandiert und eingelegt.

FESTE

Manche Süßigkeiten gehören zu bestimmten Zeremonien und sollen vielfach die Götter milde stimmen. Andere isst man zu bestimmten Jahreszeiten wie Aschepudding zu Neujahr und Klebreis mit Bananen am Ende der Fastenzeit.

THAILAND KULINARISCH ENTDECKEN

CREMES

KOKOSCREME *(Sangkaya)* Diese beliebte gebackene Kokoscreme wird in der Süßwarenfabrik Mei Kim Lui mit Enteneiern, Palmzucker und Kokosmilch hergestellt. Jeden Morgen bringt die Fabrik Hunderte davon in ihre Läden. Die Zutaten sind alle in Phetchaburi, der Provinz mit dem besten Palmzucker, heimisch. Der Koch mischt die Creme in großen Mengen und gießt sie in Förmchen auf Backblechen. Dann werden

sie eine Stunde im Ofen gebacken und kühlen dann ab. Sie kommen in der Form in den Handel. Manche sind belegt: Knoblauchscheiben, Schalotten und Erdnüsse sind besonders beliebt. Die Verwendung von Eiern für diese Cremespeise geht möglicherweise auf portugiesische Desserts aus dem 14. und 15. Jahrhundert zurück.

PALMZUCKER

PALMZUCKER Für Palmzucker wird der Saft der Zuckerpalme (Ton Taan) gekocht. Der Saft wird zweimal am Tag gesammelt, früh morgens und am frühen Abend. Dann wird er auf die gewünschte Konsistenz eingekocht. Einige Sirups werden mit Pandanusblättern aromatisiert. Der dünnste Sirup wird in Flaschen als Saft verkauft, der auf Eis getrunken wird. Der dickste kristallisiert zu festem Zucker aus.

THAILAND KULINARISCH ENTDECKEN

KANDIERTE LOTUSWURZEL Kandierte Früchte und Gemüse sind beliebte Süßspeisen. Lotuswurzeln werden in Scheiben in einem Zuckersirup gekocht.

GOLDENE BLÜTEN Hierfür wird das Eigelb von Enteneiern in köchelnden Sirup gespritzt, sodass die Blütenformen entstehen. Hier sind sie in kleinen Teigbechern.

PALMFRÜCHTE IN ZUCKERSIRUP gibt es löffelweise in kleinen Plastiktüten zu kaufen. Dazu isst man Kokosmilch.

SÜSSE BOHNENPASTE Dicke, gesüßte Mungobohnenpaste wird in verschiedene dekorative Formen gegossen. Diese erinnern an Mangostanen.

KOKOSPUDDING Dieser Pudding besteht aus einem klaren, süßen Gelee mit Kastanien oder Lotussamen und darüber einem salzigen Kokosgelee.

KOKOSCREME *(Sangkaya fak thawang)* Dies ist ein beliebter Snack. Kokoscreme wird in kleinen, ausgehölten Kürbissen gedämpft.

KOKOSWAFFELN Die dünnen, knusprigen Waffeln werden aus Kokosnuss, Reismehl und Palmzucker hergestellt. Die Tüten sind in Cellophan verpackt.

CHINESISCHE KUCHEN Sie sind mit grünen Mungobohnen oder roten Bohnen gefüllt. Es sind beliebte Geburtstags- und Hochzeitsgeschenke.

TEIGKÖRBCHEN Für diese moderne Süßspeise werden Teigkörbchen mit einer dunklen, süßen Palmzuckermischung gefüllt. Zuckerstreusel sorgen für Farbe.

GLASIERTE FRÜCHTE *(luuk chup)* Die raffinierte Süßigkeit wird aus Sojabohnenpaste geformt und in ein klares Gelee getaucht.

GELEEBONBONS Diese werden aus Durian (braun), Pandanusblättern (grün) und Sesam (schwarz) hergestellt. Sie sind einzeln in Cellophan verpackt.

SCHWARZER KLEBREIS Das beliebte Dessert ist eher violett als schwarz. Es wird in kleinen Tüten mit etwas gesalzener Kokosmilch verkauft.

GRUNDLAGEN

THAILAND KULINARISCH ENTDECKEN

KHREUANG KAENG PHANAENG
TROCKENE CURRYPASTE

2 getrocknete lange rote Chilis, etwa 13 cm lang
2 Stängel Zitronengras, nur das Weiße, in feine Scheiben geschnitten
2,5 cm Galgant, fein gehackt
4–5 Knoblauchzehen, fein gehackt
3–4 Schalotten, fein gehackt
5–6 Korianderwurzeln, fein gehackt
1 TL Garnelenpaste
1 TL gemahlenes Kumin, trocken geröstet
3 EL ungesalzene Erdnüsse, gehackt

ERGIBT 80 GRAMM

DIE Chili entstielen und der Länge nach aufschlitzen. Die Samen entfernen. Die Chilis 1 bis 2 Minuten in heißem Wasser einweichen. Abgießen und grob hacken.

IM Mörser Chilis, Zitronengras und Galgant zu einer Paste verarbeiten. Die restlichen Zutaten nacheinander hinzufügen und weiter stoßen, bis eine sehr glatte Paste entsteht.

ODER die Zutaten im Mixer so glatt wie möglich pürieren. Eventuell etwas Speiseöl zugeben, damit sie sich besser verbinden.

DIE Paste nach Bedarf verwenden oder in einem luftdicht verschlossenen Glas lagern. Sie hält sich mindestens zwei Wochen im Kühlschrank oder zwei Monate im Gefrierfach.

Die gehackten Zutaten zu einer glatten Paste zerstoßen.

KHREUANG KAENG HANGLEH
CURRYPASTE CHIANG MAI

1 EL Koriandersamen
2 TL Kreuzkümmelsamen
2 getrocknete lange rote Chilis, etwa 13 cm lang
½ TL Salz
5 cm Galgant, gerieben
1 Stängel Zitronengras, nur das Weiße, fein gehackt
2 Schalotten, gehackt
2 Knoblauchzehen, gehackt
1 TL geriebener oder 1 Prise gemahlener Kurkuma
1 TL Garnelenpaste
½ TL gemahlene Kassia oder Zimt

ERGIBT 185 GRAMM

DEN Koriander in einer kleinen, trockenen Pfanne 1 Minute rösten, bis er duftet, und herausnehmen. Mit dem Kreuzkümmel wiederholen. Beide im Mörser zu Pulver zerstoßen.

DIE Chili entstielen und der Länge nach aufschlitzen. Die Samen entfernen. Die Chilis 1 bis 2 Minuten in heißem Wasser einweichen. Abgießen und grob hacken.

IM Mörser Chilis, Salz, Zitronengras, Galgant, Schalotten, Knoblauch und Kurkuma zu einer möglichst glatten Paste verarbeiten. Garnelenpaste, Koriander, Kreuzkümmel und Kassia hinzufügen und weiter stoßen, bis eine glatte Paste entsteht.

ODER die Zutaten im Mixer sehr glatt pürieren. Eventuell etwas Speiseöl zugeben, um das Pürieren zu erleichtern.

CURRYPASTE CHIANG MAI

THAILAND KULINARISCH ENTDECKEN

KHREUANG KAENG KHIAW-WAAN
GRÜNE CURRYPASTE

1 TL gemahlener Koriander
1 TL gemahlener Kreuzkümmel
8–10 kleine grüne Chilis, entkernt
2 Stängel Zitronengras, nur das Weiße, in feine Scheiben geschnitten
2,5 cm Galgant, fein gehackt
1 TL sehr fein gehackte Kaffir-Limette oder -blätter (etwa die Schale einer halben Limette oder 4–5 Blätter)
4–5 Knoblauchzehen, fein gehackt
3–4 Schalotten, gehackt
5–6 Korianderwurzeln, fein gehackt
eine Hand voll Thai-Basilikum, fein gehackt
2 TL Garnelenpaste

ERGIBT 125 GRAMM

DEN Koriander in einer kleinen, trockenen Pfanne 1 Minute rösten, bis er duftet, und herausnehmen. Mit dem Kreuzkümmel wiederholen. Beide vermischen.

IM Mörser Chilis, Zitronengras, Galgant und Limettenschale bzw. -blätter zu einer Paste verarbeiten. Knoblauch, Schalotten und Korianderwurzeln hinzugeben und weiter stoßen. Die restlichen Zutaten und die gerösteten Gewürze nacheinander hinzufügen und weiter stoßen, bis eine glatte Paste entsteht.

ODER die Zutaten im Mixer so glatt wie möglich pürieren. Eventuell etwas Speiseöl zugeben, damit sie sich besser verbinden.

DIE Paste nach Bedarf verwenden oder in einem luftdicht verschlossenen Glas lagern. Sie hält sich mindestens zwei Wochen im Kühlschrank oder zwei Monate im Gefrierfach.

Limettenschale oder -blätter sehr fein hacken. Trocken geröste gemahlene Gewürze entwickeln ein besseres Aroma.

KHREUANG KAENG LEUANG
GELBE CURRYPASTE

3 TL Koriandersamen, trocken geröstet
1 TL Kreuzkümmelsamen, trocken geröstet
2–3 getrocknete lange rote Chilis
2 Stängel Zitronengras, nur das Weiße, in feine Scheiben geschnitten
3 Schalotten, fein gehackt
2 Knoblauchzehen, fein gehackt
2 EL geriebener oder 1 TL gemahlener Kurkuma
1 TL Garnelenpaste

ERGIBT 250 GRAMM

KORIANDER und Kreuzkümmel einzeln im Mörser zu Pulver zerstoßen.

DIE Chilischoten entstielen, der Länge nach aufschlitzen und entkernen. Die Chilis für 1 bis 2 Minuten in heißem Wasser einweichen. Abgießen und grob hacken.

IM Mörser Chili, Zitronengras, Schalotten, Knoblauch und Kurkuma zu einer möglichst glatten Paste verarbeiten. Garnelenpaste, Koriander und Kreuzkümmel hinzufügen und weiter stoßen, bis eine glatte Paste entsteht. Oder die Zutaten im Mixer sehr glatt pürieren. Eventuell etwas Speiseöl zugeben, um das Pürieren zu erleichtern. Die Paste nach Bedarf verwenden. Oder in einem luftdicht verschlossenen Glas. mindestens zwei Wochen im Kühlschrank oder zwei Monate im Gefrierfach lagern.

GELBE CURRYPASTE

GRÜNE CURRY PASTE

THAILAND KULINARISCH ENTDECKEN

KHREUANG KAENG PHET
ROTE CURRYPASTE

3–4 getrocknete lange rote Chilis, etwa 13 cm lang
8–10 getrocknete kleine rote Chilis, etwa 5 cm lang, oder 10 frische kleine rote Chilis, entkernt
2 Stängel Zitronengras, nur das Weiße, in feine Scheiben geschnitten
2,5 cm Galgant, in feine Scheiben geschnitten
1 TL sehr fein gehackte Limettenschale oder -blätter (etwa die Schale einer halben Limette oder 4–5 Blätter)
4–5 Knoblauchzehen, fein gehackt
3–4 Schalotten, fein gehackt
5–6 Korianderwurzeln, fein gehackt
2 TL Garnelenpaste
1 TL gemahlener Koriander, trocken geröstet

ERGIBT 125 GRAMM

DIE Chilis entstielen, der Länge nach aufschlitzen und entkernen. Die Chilis 1 bis 2 Minuten in heißem Wasser einweichen. Abgießen und grob hacken.

IM Mörser Chilis, Zitronengras, Galgant und Limettenschale bzw. -blätter zu einer Paste verarbeiten. Die restlichen Zutaten hinzufügen und weiter stoßen, bis eine glatte Paste entsteht.

ODER die Zutaten im Mixer möglichst glatt pürieren. Eventuell etwas Speiseöl zugeben, damit sie sich besser verbinden.

DIE Paste nach Bedarf verwenden oder in einem luftdicht verschlossenen Glas lagern. Sie hält sich mindestens zwei Wochen im Kühlschrank oder zwei Monate im Gefrierfach.

Getrocknete Chilischoten vor dem Einweichen aufschlitzen und die Samen entfernen.

KHREUANG KAENG MASSAMAN
MASSAMAN-CURRYPASTE

2 getrocknete lange rote Chilis, etwa 13 cm lang
1 Stängel Zitronengras, nur das Weiße, in feine Scheiben geschnitten
2,5 cm Galgant, fein gehackt
5 Nelken
10 cm Stangenzimt, zerdrückt
10 Kardamomsamen
½ TL frisch gemahlene Muskatnuss
6 Knoblauchzehen, fein gehackt
4 Schalotten, fein gehackt
4–5 Korianderwurzeln, fein gehackt
1 TL Garnelenpaste

ERGIBT 250 GRAMM

DIE Chilis entstielen, der Länge nach aufschlitzen und entkernen. Die Chilis 1 bis 2 Minuten in heißem Wasser einweichen. Abgießen und grob hacken.

IM Mörser Chilis, Zitronengras, Galgant, Nelken, Zimt, Kardamom und Muskat zu einer Paste verarbeiten. Knoblauch, Schalotten und Koriander hinzufügen und weiter stoßen. Die Garnelenpaste hinzugeben und weiterarbeiten, bis eine glatte Paste entsteht.

ODER die Zutaten im Mixer möglichst glatt pürieren. Eventuell etwas Speiseöl zugeben, damit sie sich besser verbinden. Die Paste nach Bedarf verwenden oder in einem luftdicht verschlossenen Glas lagern. Sie hält sich mindestens zwei Wochen im Kühlschrank oder zwei Monate im Gefrierfach.

MASSAMAN-CURRYPASTE

KA-THI
KOKOSMILCH, DICK UND DÜNN

GERIEBENES KOKOSMARK SCHMECKT AM BESTEN FRISCH. ZWAR LÄSST SICH KOKOSMILCH AUCH AUS GETROCKNETEM KOKOSMARK HERSTELLEN, DAFÜR MUSS ES JEDOCH EINGEWEICHT UND DANN FEINER GEHACKT WERDEN, SONST IST ES ZU FASERIG. EINE KOKOSREIBE IST DAS BESTE WERKZEUG.

1 Kokosnuss (ergibt etwa 300 g Fleisch)

ERGIBT 125 ML DICKE UND 250 ML DÜNNE KOKOSMILCH

Die Nuss aufschlagen. Die Hälften trennen, das Fleisch herausreiben, in heißem Wasser ziehen lassen und abseihen.

JEWEILS ein Loch in die zwei Augen der Kokosnuss stoßen und die Flüssigkeit ablaufen lassen. Sie eignet sich als erfrischendes Getränk. Die Kokosnuss in einer Hand halten und mit der anderen Hand die Nuss rundum mit dem Hammer oder Meißel aufschlagen. Sie sollte sich gleichmäßig öffnen. (Wenn die Schale nicht leicht bricht, die Nuss für 15 Minuten bei 150 °C/Gas 2 in den Backofen stellen. Eventuell bricht die Schale schon beim Abkühlen, wenn nicht, lässt sie sich jetzt leicht mit dem Hammer öffnen.)

DIE besten Kokosreiben sind die, bei denen man auf einem Ende sitzt, die Kokosnusshälften am Rand abkratzt und das Fleisch in einer großen Schüssel auffängt. Ohne Kokosreibe wird das Fleisch aus der Schale gelöst und die harte, braune Haut abgezogen. Dann das Fleisch von Hand auf der Rohkostreibe reiben oder in der Küchenmaschine hacken. Geriebene Kokosnuss kann in kleinen Mengen eingefroren werden.

DIE geriebene Kokosnuss mit 125 ml heißem Wasser mischen und 5 Minuten ziehen lasssen. Ein Sieb mit einem Tuch auslegen und die Mischung in ein Gefäß abseihen. Das Tuch aufnehmen und die verbliebene Flüssigkeit auspressen. So entsteht dicke Kokosmilch.

DEN Vorgang mit 250 ml Wasser wiederholen, um dünnere Kokosmilch zu erhalten.

KHAO PLAO
GEDÄMPFTER REIS

400 g Jasminreis

4 PORTIONEN

DEN Reis abspülen, bis das Wasser klar abläuft. Dann in einen Topf geben, Wasser angießen, bis es 5 cm über dem Reis steht. Zum Kochen bringen und zugedeckt 10 bis 15 Minuten köcheln lassen. Vom Herd nehmen und 10 Minuten ruhen lassen.

KHAO NIAW
KLEBREIS

400 g Klebreis

4 PORTIONEN

DEN Reis in eine Schüssel füllen und kaltes Wasser angießen, sodass es 5 cm über dem Reis steht. Mindestens 3 Stunden, am besten über Nacht, stehen lassen. Abgießen und in einen Bambusdämpfkorb für Klebreis geben oder den normalen Dämpfeinsatz doppelt mit Stoff auslegen. Den Reis im Dämpfkorb verteilen. Das Wasser im Dämpftopf zum Kochen bringen. Den Reis vorsichtig daraufsetzen. Hitze reduzieren und zugedeckt 20 bis 25 Minuten dämpfen, bis der Reis aufgeht und weich wird. Die Kochzeit hängt von der Einweichzeit ab. Etwa alle 10 Minuten das Wasser kontrollieren und eventuell auffüllen.

WENN der Reis gar ist, ihn auf eine große Platte füllen und ausbreiten, damit er schnell abkühlt. Wenn er zu langsam abkühlt, wird er zu weich. Warm oder kalt servieren.

KLEBREIS

KHAO NIAW KA-THI
GEDÄMPFTER KLEBREIS MIT KOKOSMILCH

200 g Klebreis
170 ml dünne Kokosmilch (Seite 279), gut gerührt
1 EL Palmzucker (nicht zu braun)
½ TL Salz

4 PORTIONEN

DEN Klebreis wie oben beschrieben dämpfen.

WÄHREND der Reis gart, Kokosmilch, Zucker und Salz in einem kleinen Topf bei schwacher Hitze verrühren, bis der Zucker sich auflöst. Sobald der Reis fertig ist, ihn mit einem Holzlöffel vorsichtig unter die Kokosmilch mischen. 15 Minuten ruhen lassen.

GEDÄMPFTER KLEBREIS MIT KOKOSMILCH

THAILAND KULINARISCH ENTDECKEN

NAAM JIM PHRIK
CHILIGELEE

80 ml Öl
2 Schalotten, fein gehackt
2 Knoblauchzehen, fein gehackt
40 g getrocknete Chiliflocken
¼ TL Palmzucker

ERGIBT 185 GRAMM

DAS Öl in einem kleinen Topf erhitzen, Schalotten und Knoblauch darin bräunen. Chiliflocken und Palmzucker hinzufügen und gut umrühren. Mit einer Prise Salz würzen. Als Dip oder Würzbeilage verwenden. Das Gelee hält sich in einem Glas im Kühlschrank mehrere Wochen.

NAAM PHRIK PHAO
GERÖSTETE CHILISAUCE

Öl, zum Anbraten
20 Schalotten, in Scheiben geschnitten
10 Knoblauchzehen, in Scheiben geschnitten
3 EL getrocknete Garnelen
7 getrocknete, lange rote Chilis, gehackt
3 EL Tamarindenmus oder
3 EL Limonensaft
6 EL Palmzucker
1 TL Garnelenpaste

ERGIBT 250 GRAMM

DAS Öl im Wok oder Topf erhitzen. Schalotten und Knoblauch darin golden anbraten, dann in den Mixer geben.

GARNELEN und Chilis darin 1 bis 2 Minuten anbraten, dann mit den restlichen Zutaten in den Mixer geben. So viel Bratöl wie nötig zugeben, um eine gießfähige Paste zu erhalten. Diese in den sauberen Topf geben und zum Kochen bringen. Die Hitze reduzieren und die Paste dick einkochen. Vorsicht: Wird zu lange eingekocht, bleibt nur ein karamellisierter Klumpen. Die Sauce mit Salz oder Fischsauce würzen. Sie wird als Grundlage für Pfannengerührtes verwendet, aber auch als Würzzutat und -beilage. In einem luftdicht verschlossenen Glas hält sie sich mehrere Monate.

GERÖSTETE CHILISAUCE

NAAM JIM AAHAAN THALEH
KNOBLAUCH-CHILI-SAUCE

4 Knoblauchzehen, fein gehackt
3 Vogelaugenchilis, rot und grün, entstielt, leicht zerdrückt
2 EL Limonensaft
1 EL Fischsauce
1 TL Zucker

ERGIBT 125 ML

ALLE Zutaten in einer kleinen Schüssel mischen. Die Sauce hält sich in einem Glas im Kühlschrank mehrere Wochen.

KNOBLAUCH-CHILI-SAUCE

NAAM JIM PHRIK
SÜSSE CHILISAUCE

7 lange rote Chilis, entkernt, grob gehackt
185 ml weißer Essig
8 EL Zucker
½ TL Salz

ERGIBT 60 ML

IM Mörser oder Mixer die Chilis zu einer groben Paste verarbeiten.

IN einem kleinen Topf Essig, Zucker und Salz bei starker Hitze unter Rühren aufkochen und in 15 bis 20 Minuten zu einem dicken Sirup einkochen lassen. Die Paste in den Sirup geben, 1 bis 2 Minuten weiter kochen und zum Servieren in eine Schüssel füllen.

PFLAUMENSAUCE

NAAM JIM GEAM BOUI WAHN
PFLAUMENSAUCE

185 ml weißer Essig
8 EL Zucker
1 eingemachte Pflaume (im Glas erhältlich) ohne Flüssigkeit

ERGIBT 60 ML

IN einem kleinen Topf Essig und Zucker unter ständigem Rühren schnell aufkochen. Bei mittlerer Hitze in 15 bis 20 Minuten zu einem dicken Sirup einkochen lassen.

DIE Pflaume hinzufügen und mit Löffel und Gabel zerdrücken. In 1 bis 2 Minuten zu einer glatten Paste kochen, dann zum Servieren in eine Schüssel füllen.

NAAM JIM SA-TE
ERDNUSSSAUCE

2 Knoblauchzehen, zerdrückt
4 Schalotten, fein gehackt
1 Stängel Zitronengras, nur das Weiße, fein gehackt
2 TL Thai-Currypulver (Seite 287) oder fertiges Pulver
1 EL Tamarindenmus
1 EL Chilipaste
160 g ungesalzene, geröstete Erdnüsse, grob gehackt
375 ml Kokosmilch (Seite 279)
2 TL Palmzucker

ERGIBT 375 GRAMM

ERDNUSSSAUCE

IN einem Topf 1 TL Pflanzenöl erhitzen und Knoblauch, Schalotten und Zitronengras darin 1 Minute anbraten. Das Currypulver einrühren, bis es duftet.

DIE restlichen Zutaten hinzufügen und langsam zum Kochen bringen. So viel kochendes Wasser angießen, dass eine löffelfertige Sauce entsteht, und 2 Minuten köcheln lassen. Nach Geschmack salzen.

KHAI KEM
SOLEIER

10 frische Enteneier
  (falls vorhanden), oder große
  Hühnereier, gesäubert
175 g Salz
Schraubglas, in dem alle Eier Platz
  haben

10 STÜCK

IN einem Topf 625 ml Wasser erhitzen und das Salz darin auflösen. Abkühlen lassen.

SEHR vorsichtig, damit die Schalen nicht brechen, die Eier in das Glas legen. Mit dem abgekühlten Salzwasser übergießen. Das Glas verschließen und 3 Wochen stehen lassen. Wenn die Eier länger stehen bleiben, werden sie zu salzig. Gesalzene Eier halten sich in ihrem Glas bis zu zwei Monate. Abgießen und nach Bedarf verwenden: Die Eier kochen, das Eigelb weiter verwenden, das Eiweiß entfernen.

CURRYPULVER

PHONG KARII
CURRYPULVER

1 EL schwarze Pfefferkörner
2 TL weiße Pfefferkörner
1 EL Nelken
3 EL Koriandersamen
3 EL Kreuzkümmelsamen
1 EL Fenchelsamen
Samen aus 8 Kardamomschoten
3 EL getrocknete Chiliflocken
2 EL gemahlener Ingwer
3 EL gemahlener Kurkuma

ERGIBT 125 GRAMM

PFEFFER, Nelken, Koriander, Kreuzkümmel und Fenchel nacheinander in einer trockenen Pfanne bei schwacher Hitze rösten, bis sie duften.

IN einer Gewürzmühle oder mit dem Mörser zu einem Pulver verarbeiten. Die restlichen Zutaten hinzufügen und weiter mahlen. In einem luftdichten Gefäß aufbewahren.

GURKENRELISH

AJAT
GURKENRELISH

4 EL Reisessig
125 g Zucker
1 kleine rote Chili, entkernt, gehackt
1 TL Fischsauce
80 g Erdnüsse, leicht geröstet
1 Gurke, mit Schale, ohne Samen,
  fein gewürfelt

ERGIBT 185 GRAMM

ESSIG und Zucker in einem kleinen Topf mit 125 ml Wasser zum Kochen bringen und 5 Minuten bei schwacher Hitze köcheln lassen.

ABKÜHLEN lassen, dann Chili, Fischsauce, Erdnüsse und Gurke einrühren.

THAILAND KULINARISCH ENTDECKEN

GLOSSAR

AUBERGINE *(Makheua)* Es gibt viele Auberginensorten in der Thai-Küche, wo, anders als im Westen, bitterer Geschmack sehr geschätzt wird. Weit verbreitet sind Thai-Auberginen *(Ma-Kheua Phraw)*, die blassgrün, orange, violett, gelb oder weiß und golfballgroß sind. Lange Auberginen *(Ma-Kheua Yao)* sind dünn und grün. Erbsen-Auberginen *(Ma-Kheau Phuang)* sind winzig und schmecken bitter. Auberginen immer mit einem Edelstahlmesser schneiden.

AUSTERNSAUCE Verwenden Sie die Thai-Variante dieser chinesischen Sauce. Sie schmeckt stärker nach Austern.

BAMBUSSPROSSEN *(Naw Mai)* Die essbaren Triebe der Bambuspflanze. Während der Saison frisch, sonst in Gläsern und Dosen erhältlich. Frische Sprossen sollten blanchiert werden, wenn sie zu bitter sind.

BANANEN *(Kluay)* In Thailand werden über 20 verschiedene Bananensorten gern in der Küche verwendet werden. Sie unterscheiden sich im Geschmack: Die kleinen Zuckerbananen sind besonders süß.

BANANENBLÄTTER *(Bai Tawng)* Große grüne Blätter, die zum Einwickeln von Speisen (vor Gebrauch kurz in kochendes Wasser tauchen oder für 10 Sekunden in den heißen Backofen legen) und als Teller dienen. Junge Blätter sind besser. In Asia-Läden erhältlich.

BANANENBLÜTE *(Hua Plii)* Die violette, tropfenförmige Blüte der Bananenstaude. Nur der helle Kern der Blüte wird gegessen. Er muss in kochendem Wasser blanchiert werden, sonst schmeckt er bitter. Bei der Arbeit sollten Handschuhe getragen werden, da Bananenblüten einen Saft absondern, der Flecken auf der Haut hinterlässt. Gehackte Bananenblüten werden für Salate und manche Currys verwendet.

BASILIKUM In der Thai-Küche werden drei Basilikum-Arten verwendet.

Anis-Basilikum *(Bai Horapha)* ist am weitesten verbreitet. Es hat violette Stängel, grüne Blätter und ein anisartiges Aroma. Er wird zumeist verwendet für Currys, Suppen und Pfannengerührtes und manchmal als Beilage zu *Naam Phrik*.

Thai-Basilikum *(Bai Ka-Phrao)* ist rot oder grün und hat leicht spitze, panaschierte Blätter. Thai-Basilikum wird für Pfannengerührtes und Fischgerichte verwendet.

Zitronenbasilikum *(Bai Maeng-Lak)* ist weniger weit verbreitet. Damit werden Currys und Pfannengerührtes gewürzt oder es wird als Zugabe zu Reisnudeln gereicht.

BETELBLÄTTER *(Bai Cha-Phluu)* Es handelt sich hier nicht um echte Betelblätter, sondern um nahe Verwandte. Darin werden bestimmte Snacks verpackt. Als Ersatz eignen sich junge Spinatblätter.

Cha-Om Ein bitteres grünes Gemüse, das an einen Farn erinnert. Es wird für Omelettes und Pfannengerührtes verwendet.

CHILI *(Phrik)* Rote und grüne Chilis gehören in fast jedes Thai-Rezept. Meist wird eher die Sorte als die Farbe angegeben. Im Allgemeinen sind Thai-Chilis um so schärfer, je kleiner sie sind.

Vogelaugenchilis *(Phrik Khii Nuu)* sind die kleinsten und schärfsten. Sie sind zumeist grün, für die meisten Rezepte eignen sich aber auch rote.

Drachenaugenchilis *(Phrik Khii Nuu Suan)* sind etwas größer und weniger scharf.

Himmelweisende oder lange Chilis *(Phrik Chii Faa)* sind etwa 5 cm lang und milder als die kleineren. Sie werden für Pfannengerührtes, Salate und Currypasten verwendet.

Orange Chilis *(Phrik Leuang)* sind scharf, aber nicht so scharf wie Vogelaugenchilis.

Bananenchilis *(Phrik Yuak)* sind große, dicke gelbgrüne (fast leuchtende) Chilis mit mildem Aroma. Sie werden für Pfannengerührtes und Salate verwendet.

Getrocknete Chilis *(Phrik Haeng)* sind entweder lange oder Vogelaugenchilis. Werden oft in heißem Wasser eingeweicht. Entkernt sind sie weniger scharf.

CHILIGELEE *(Naam Jim Phrik)* Ein dickes, süßes Chilirelish, das sich auch als Sauce eignet. Selbst herstellen (Seite 283) oder fertig kaufen.

GLOSSAR

CHILISAUCE Gemeint ist meist Siracha-Chilisauce *(Naam Phrik Sii Raachaa)*, die häufiger als die vielen anderen Arten verwendet wird. Die dicke, orange Sauce ist nach der Hafenstadt benannt, wo sie hergestellt wird, und wird meist zu gegrilltem Fisch gereicht.

CHILISAUCE, GERÖSTETE *(Naam Phrik Phao)* Eine Sauce aus getrockneten roten Chilis, die in Öl geröstet werden. Meist wird sie mit Garnelenpaste und Palmzucker gewürzt. Es gibt sie mild, mittelscharf und scharf, sie wird in Gläsern und Plastikbeuteln verkauft. Ein Rezept findet sich auf Seite 283. Sie ist Gewürz oder Würzbeilage.

CHILIPULVER, GERÖSTETES *(Phrik Bon)* Chilipulver wird aus Vogelaugen- und langen Chilis hergestellt. Es ist in Asia-Läden erhältlich, kann aber auch selbst hergestellt werden: Ganze Chilischoten rösten und mahlen.

CHINESISCHER BROKKOLI *(Phak Kaa-Naa)* auch als *Gai Laan* in Asia-Läden erhältlich.

CURRYPASTE *(Khreuang Kaeng)* In Thailand wird Currypaste meist selbst hergestellt, kann aber auch frisch auf dem Markt oder abgepackt im Supermarkt gekauft werden. Alle Currypasten werden im Mörser sehr glatt zerstoßen. Besonders verbreitete Currypasten sind rote oder scharfe *(Kaeng Phet)*, grüne *(Kaeng Khiaw-Waan)*, Phanaeng oder trockene *(Kaeng Phanaeng)*, Massaman *(Kaeng Matsaman)*, saure orange *(Kaeng Somi)*, gelbe *(Kaeng Leuang)*, Chiang Mai oder Hangleh *(Kaeng Hangleh)* und Dschungel-Currypaste *(Kaeng Paa)*.

CURRYPULVER *(Phong Karii)* Wird in Thailand meist fertig gekauft, da es nur gelegentlich für Pfannengerührtes, Marinaden, Saucen und Currybeuteln verwendet wird.

DURIAN *(Thurian)* Die berühmt-berüchtigte Frucht mit dem entsetzlichen Gestank und dem süßen, cremigen Geschmack.

EINGELEGTE PFLAUMEN Salzige, sauer eingelegte Pflaumen werden für süß-saure Gerichte, für Pflaumensauce und zu gedämpftem Fisch verwendet. Sie sind in Asia-Läden erhältlich.

EINGELEGTER KOHL *(Phak Gaund Dong)* Gesalzener, eingelegter Kohl wird meist gehobelt verkauft, manchmal in irdenen Töpfen mit dem Etikett Tianjin. Er ist in Asia-Läden erhältlich.

EINGELEGTER RETTICH *(Tang Chai)* Gesalzener, eingelegter Rettich wird gehobelt oder in Streifen verkauft. Er wird auch japanisch als Daikon oder indisch als Mooli bezeichnet. Es gibt eine salzige und eine süß-salzige Variante, die in Asia-Läden erhältlich sind.

ESSIG *(Naam Som)* Weißer Kokosessig ist besonders weit verbreitet. Als Ersatz eignet sich jeder milde weiße Essig, Reisessig ist am besten.

FISCHSAUCE *(Naam Plaa)* wird aus gesalzenen, Sardellen-ähnlichen Fischen hergestellt, die sich natürlich zersetzen. Sie ist das wichtigste salzige Gewürz in der Thai-Küche und wird auch als Würzsauce serviert. Empfehlenswert sind die Marken Tiparos und Golden Boy. Im Norden und Nordosten gibt es eine fermentierte Version *(Naam Plaa Raa)*.

FLÜGELBOHNEN *(Thua Phuu)* Sie haben vier gerüschte Kanten und werden quer in Stücke geschnitten für Salate und Pfannengerührtes verwendet. So frisch wie möglich kaufen.

FRÜHLINGSROLLENBLÄTTER Die Blätter aus einem Weizenmehl-Eier-Teig sind in Asia-Läden in der Kühl- oder Gefriertheke erhältlich. Als Ersatz eignen sich auch Filoteigblätter.

GALGANT *(Khaa)* Ein Rhizom, ähnlich wie Ingwer, das in der Thai-Küche oft anstelle von Ingwer verwendet wird. Bekannt ist es als Zutat zu *Tom Khaa Kai*.

GARNELEN, GETROCKNETE *(Kung Haeng)* Sie werden entweder zu einem feinen Pulver zermahlen oder eingeweicht und ganz verwendet. Dunkel rosa sind sie am besten.

GARNELENPASTE *(Ka-Pi)* Eine stark riechende, dunkel braunrosa Paste, die in kleinen, meist mit Wachs verschlossenen Bechern verkauft wird. Sie wird aus gesalzenen, fermentierten und getrockneten Garnelen hergestellt. Möglichst eine Thai-Version wählen, da die Paste in verschiedenen Ländern verschieden zubereitet wird. Sie kann direkt verwendet werden, aber auch geröstet und gekühlt werden. Eine Hauptzutat für Dips wie *Naam Phrik*.

GELBE BOHNENSAUCE *(Tao Jiaw)* Eine Paste aus gelben Sojabohnen, wird als salziges Gewürz verwendet.

GETROCKNETER FISCH *(Plaa Haeng)* Er steht in vielen Thai-Rezepten, vor allem entlang der Küste. Gebraten und zerkrümelt wird er in Dips, Salate und Pasten gegeben.

INGWER *(Khing)* Das Rhizom einer tropischen Pflanze, das in »Händen« verkauft wird. Frischer junger Ingwer hat eine glatte, rosabeige Schale und ist fest und saftig. Mit der Zeit wird die Schale härter und das Fleisch faseriger und sehr zäh. Ingwermengen werden oft in Zentimetern angegeben, diese beziehen sich auf normal dicke Stücke.

INGWER, EINGELEGTER *(Khing Dong)* wird als Würzbeilage zu Currys und Snacks gegessen und ist fertig in Asia-Läden erhältlich.

JACKFRUCHT *(Kha-Nun)* Eine große, stachlige Frucht mit Fruchtfleischspalten, in denen dicke Kerne sitzen. Sie schmeckt nach Obstsalat und wird unreif für Currys verwendet.

THAILAND KULINARISCH ENTDECKEN

JAVAAPFEL *(Chom-Phuu)* Eine knackige, wässrige Frucht ohne besonderen Geschmack, aber süß. Sie wird allein, aber auch mit Dips wie Naam Phrik gegessen.

KAFFIR-LIMETTE *(Luk Makrut)* Von dieser Frucht wird eher die knotige Schale verwendet als der bittere Saft. Die Blätter *(Bai Makrut)* enthalten ein duftendes Zitrusöl. Sie werden sehr fein gehackt oder in große Stücke gerissen verwendet. Sie sind auch tiefgefroren im Handel, dann aber weniger aromatisch.

KARDAMOM *(Luuk Kra-Waan)* In Currys mit indischem oder muslimischem Einschlag wie *Massaman* wird eine runde, weiße Kardamomsorte verwendet. Als Ersatz eignet sich der gewöhnliche grüne Kardamom. Die Schoten ganz oder zerdrückt verwenden.

KETJAP MANIS Eine dicke, süße Sojasauce, die als Gewürz verwendet wird.

KNOBLAUCH *(Kra-Tiam)* Thai-Knoblauch hat kleine Zehen und wird meist mit der Messerklinge zerdrückt, nicht mit der Knoblauchpresse. Mit frittiertem Knoblauch und Knoblauchöl garniert man gern die Speisen. Frittierter Knoblauch ist im Glas erhältlich.

KNOBLAUCH, EINGELEGTER *(Kra-Tiam Dong)* Er schmeckt süßsauer und wird als Würzbeilage gegessen. Die ganzen Knollen können so, wie sie sind, verwendet werden. In Asia-Läden erhältlich.

KOKOSMILCH, DICK *(Hua Ka-Thi)* Frisch geriebene Kokosnuss in kochendem Wasser ziehen lassen, daraus eine dicke, süße, nach Kokos schmeckende Flüssigkeit pressen. Sie ist auch in Dosen erhältlich. Ein Rezept findet sich auf Seite 279. Dicke Kokosmilch wird manchmal für Currypaste »getrennt«. Dazu wird sie eingekocht, bis das Wasser verdampft und der Rest sich in Öl und Feststoffe trennt.

KOKOSMILCH, DÜNN *(Haang Ka-Thi)* Eine dünnere Variante der Kokosmilch, die wie oben beschrieben hergestellt wird, allerdings mit mehr Wasser und in der zweiten Pressung. Sie ist in Dosen erhältlich, ein Rezept findet sich auf Seite 279.

KOKOSNUSS *(Maphrao)* Die Frucht der Kokospalme. Die innere Nuss sitzt in einer Hülse, die erst entfernt werden muss. Dann die Flüssigkeit ablaufen lassen und die Schale aufbrechen, um das weiße Fleisch herauszulösen (Seite 279). Bei jungen Nüssen ist es geleeartig, bei älteren härter. Mittelharte Kokosnüsse, die ideal für Desserts sind, werden in Thailand als Reibe-Kokosnüsse verkauft.

KOKOSZUCKER *(Naamtaan Maphrao)* Er wird aus dem Saft der Kokospalme gewonnen, ist dunkelbraun und wird meist für Süßspeisen verwendet. Als Ersatz eignet sich Palmzucker oder unraffinierter brauner Zucker.

KORIANDER *(Phak Chii)* Frische Korianderblätter eignen sich als Würzzutat und zum Garnieren. Die Wurzeln *(Raak Phak Chii)* werden gehackt und gemahlen für Currypasten und Saucen. Vorzugsweise Bünde mit frischen grünen Blättern kaufen.

KORIANDERSAMEN *(Met Phak Chii)* Die runden Samen haben ein würziges Aroma und werden für Currypasten, vor allem nach indischer Art, verwendet. Um den Geschmack zu steigern, vor dem Zerstoßen trocken anrösten. Die Körner sollten für jedes Gericht frisch gemahlen werden. Ganz und gemahlen im Handel.

KRACHAI Ein Rhizom mit dünnen Fingern, die wie ein Schlüsselbund herabhängen. Schmeckt pfeffrig. In Asia-Läden in Dosen oder Gläsern erhältlich.

KREUZKÜMMELSAMEN *(Met Yiiraa)* Die länglichen Samen dieser Pflanze schmecken pfeffrig und leicht bitter. Sie werden für manche Currypasten verwendet. Um den Geschmack zu steigern vor dem Zerstoßen trocken anrösten. Sie sind ganz und gemahlen im Handel.

KURKUMA *(Kha-Min)* Ein Rhizom wie Ingwer oder Galgant. In Thailand gibt es gelben und weißen Kurkuma. Die gelbe Form wird oft auch als rot bezeichnet und frisch für Currypasten verwendet. Getrocknet dient sie als gelber Farbstoff für Currys, vor allem den nordthailändischen Khao Sawy. Die weiße Form wird roh als Gemüsebeilage zu Naam Phrik gegessen.

LIMONEN *(Ma-Nao)* Limonen und Limonensaft werden in der Thai-Küche häufig verwendet. Zitronensaft ist kein idealer Ersatz, kann aber zur Not verwendet werden. Limonen werden häufiger in Scheiben als in Spalten geschnitten.

LITSCHIS *(Linchii)* Kleine runde Früchte mit roter, lederiger Schale und durchscheinendem weißen Fruchtfleisch um einen braunen Stein. Sie sind sehr aromatisch. Als Dessert werden sie in Sirup eingelegt.

MAIS *(Khao Phoht)* wird in Nordthailand häufig angebaut und frisch gegrillt als gesunder Snack gegessen. Maiskölbchen gibt man gern *(Khao Phoht Awn)* in Pfannengerührtes und Currys.

MANGO *(Ma-Muang)* Grüne, unreife Mangos werden in Relishes, Currys, Suppen und Salate oder in Salzlake eingelegt. Reife Mangos isst man aus der Hand oder mit Klebreis als Dessert.

MINZE (SA-RA-NAE) Minze wird für Salate wie Laap verwendet, aber auch als Beilage zu Salaten und Reisnudelsuppen.

MUNGOBOHNEN *(Thua Leuang)* Ganze Bohnen werden püriert oder gemahlen für Desserts. Glasnudeln werden aus Mungobohnen hergestellt.

GLOSSAR

MUNGOBOHNENSPROSSEN *(Thua Ngawk)* werden für Pfannengerührtes, Suppen und Salate gebraucht.

NELKEN *(Kaan Pluu)* Die getrockneten geschlossenen Blütenknospen des Nelkenbaums sind braun und nagelförmig. Sie haben einen stechenden Geschmack, daher – ganz oder gemahlen – sparsam verwenden.

NUDELN

Reisnudeln *(Kuaytiaw)* werden aus Reismehl und Wasser hergestellt, blattweise gedämpft und dann in Streifen geschnitten. Breite oder *Sen-Yai*-Nudeln sind etwa 2,5 cm breit, schmale *(Sen Lek)* 5 mm, Liniennudeln nur 1–2 mm. Reisnudeln werden frisch und getrocknet verkauft. Die verschiedenen Breiten sind austauschbar.

Weizennudeln *(Ba-Mii)* werden vielfach mit Ei hergestellt.

Nudeln aus Mungobohnenstärke *(Wu Sen)*, auch Glasnudeln, sind sehr dünn, weiß und durchscheinend. Sie sind viel fester als Reisnudeln.

PALMZUCKER *(Naamtaan Piip)* Zu seiner Herstellung wird der Saft der Zuckerpalme zu einer körnigen Paste eingekocht. Er wird in festen Kuchen von verschiedener Größe verkauft, eine etwas weichere Variante auch in Fässern. Malayischer und indonesischer Palmzucker ist dunkler und schmeckt kräftiger. Als Ersatz eignet sich unraffinierter brauner Zucker.

PANDANUSBLÄTTER *(Bai Toey)* Lange grüne, klingenförmige Blätter zum Würzen von Desserts und Süßspeisen und als Verpackung für Snacks. Die Essenz ist in Fläschchen oder die Blätter tiefgekühlt sind in Asia-Läden erhältlich.

PFEFFERKÖRNER *(Phrik Thai)* Grüne Pfefferkörner braucht man frisch für Currys. Mit getrockneten weißen Pfefferkörnern werden manche Gerichte gewürzt und garniert, schwarze sind dagegen selten.

PILZE *(Het)*

Strohpilze *(Het Faang)* gibt es außerhalb Asiens nur in Dosen. Bei Bedarf durch Austernpilze ersetzen.

Shiitake *(Het Hawm)* Er ist frisch und getrocknet erhältlich, von knorpeliger Struktur. Getrocknete Pilze vor Gebrauch in kochendem Wasser einweichen. Sie werden für Suppen und Pfannengerührtem auf chinesische Art verwendet.

RAMBUTAN *(Ngaw)* Eine kleine, runde Frucht mit roter Schale und weichen roten Härchen. Sie schmeckt am besten, wenn die Farbe besonders leuchtend ist.

REIS *(Khao)* Jasmin-(Langkorn-)Reis und Klebreis sind die beiden wichtigsten Sorten in Thailand. Es gibt weißen und schwarzen Klebreis, wobei der schwarze eher violett ist. Der meiste Reis wird vor Ort angebaut und fast immer weiß und poliert verzehrt. Jasminreis wird gedämpft, gekocht oder ganz traditionell im Tontopf gegart. Klebreis wird eingeweicht und gedämpft, entweder im Dampftopf oder in Bambusröhren.

REISMEHL *(Paeng Khao)* wird aus weißem und schwarzem Reis hergestellt und für Desserts verwendet.

SAGO *(Saku)*

Kleine getrocknete Kugeln aus dem Saft der Sagopalme, werden für Desserts und herzhafte Gerichte verwendet. Gekocht ist Sago transparent, weich und seidig.

SCHALOTTEN *(Hawn)* Kleine, rotbraune asiatische Schalotten. Als Ersatz eignen sich europäische Schalotten.

SPARGELBOHNEN *(Thua Fak Yao)* werden in Rollen oder Bündeln verkauft und frisch oder gekocht gegessen. Als Ersatz eignen sich grüne Bohnen.

SOJAQUARK siehe Tofu.

SOJASAUCE *(Sii-Yu)* In der Thai-Küche wird sowohl helle *(Sii-Yu Khao)* als auch dunkle Sojasauce *(Sii-Yu Dam)* gebraucht. Die dunkle ist süßer als die chinesische Sojasauce.

TAMARINDE *(Ma-Khaam)* eine faserige Schote mit Samen. Das Fruchtfleisch dient als saures Gewürz. Gibt es als getrockneten Kuchen oder als Mus. Tamarindenkuchen muss in heißem Wasser eingeweicht und ausgedrückt werden, um das Mark von den Fasern zu lösen. Das Mark wird als Mus oder Konzentrat verkauft und in manchen Rezepten auch als Tamarindenwasser bezeichnet. Frisches Tamarindenwasser schmeckt kräftig.

TAPIOKAMEHL

Ein Mehl aus gemahlener, getrockneter Kassavenwurzel, für Desserts, Klöße und zum Andicken. Gibt es in Asia-Läden.

TOFU *(Tao-Huu)* Auch Sojaquark genannt. Er kann fest oder weich (Seidentofu) sein.

WON-TAN-BLÄTTER Die Teigblätter finden sich im Kühl- oder Tiefkühlregal von Asia-Läden. Manche enthalten Ei und sind daher gelb, andere weiß. Als Ersatz können auch Gow-Gee- oder Gyoza-Hüllen verwendet werden.

WASSERSPINAT *(Phak Bung)* Das grüne Blattgemüse hat hohle Stängel.

WURST, SAURE

Thai-Würste können fertig gekauft, aber auch selbst hergestellt werden (siehe Seite 42). Manchmal sind sie in Bananenblätter verpackt oder zusammengebunden. Als Ersatz eignet sich chinesische Wurst.

ZITRONENGRAS *(Ta-Khrai)* Eine häufig genutzte Zutat in der Thai-Küche. Die faserigen Halme des nach Zitrone duftenden Grases werden fein gehackt und in Scheiben oder Stücke geschnitten. Die äußeren Schichten müssen bis zu eine weicheren, violetten Schicht entfernt werden.

Register

A
Ananas 223
  Curry mit Garnelen und Ananas 147
  Frittierter Fisch mit süßsauerer Sauce 112
  Gebratener Reis in Ananas 223
  Würziger Curry mit Hummer und Ananas 167
Anis-Basilikum 116, 147, 175, 178, 240, 288
Aromatische Tofu-Tomaten-Suppe 69
Aubergine 288
  Erbsen-Auberginen 159
  Thai-Auberginen 151
  und Kirschtomaten 236
Austernsauce 236, 288

B
Bai-Mii Thaleh 208
Bambussprossen 163, 288
  Bambussprossensalat 11
Bananenblätter 7, 12, 13, 54, 55, 107, 119, 231, 261, 288
  Cremes 261
  In Bananenblättern gedämpfter Fisch 107
Bananenblüte 87, 288
  Hühnersalat mit Bananenblüte 87
Banane 7, 99, 288
  Eierbanane 99
  Bananen, gegrillte 52, 55
  Banane in Kokoscreme 250
  Frittierte Bananen 253
  Snapper mit grüner Banane und Mango 144
Bananenroti 54
Basilikum 288
  siehe auch Anis-, Thai- und Zitronenbasilikum
Betelblätter 46, 288

Betelblätter mit herzhafter Füllung 46
Bohnensauce, gelbe 289
Brokkoli mit Austernsauce 236
Buntbarsch 129

C
Cashewnüsse 185
Cha-Om 288
Cherimoya 101
Chiang Mai
  Currypaste Chiang Mai 272
  Nudeln Chiang Mai 204
  Schweinefleisch Chiang Mai 148
  Würziger Tomatendip 244
Chili 9, 10, 174, 288
  getrocknet 276
  Vogelaugenchilis 174
  Curryfisch in Bananenchilis gedämpft 104
  Fisch mit Chili und Anis-Basilikum 116
  Garnelen mit Koriander und Chili 42
  Gemischte Meeresfrüchte mit Chili 186
  Knoblauch-Chili-Sauce 280
  Kürbis mit Chili und Basilikum 240
Chiligelee 189, 283, 289
  Huhn mit 189
  Reis mit Garnelen 220
Chilipulver, geröstetes 289
Chilisauce 8, 49, 289
  geröstete 283, 289
  süße 284
Chinesische Art
  Garnelen in Teig 41
  Goldbeutelchen 28
  Goldsäcke 32
  Huhn mit Cashewnüssen 185
  Pilze mit Tofu 190

Rindfleisch mit brauner Sauce 181
Schweinefleisch mit Ingwer 193
Won-Tan-Suppe mit Garnelen 207
Chinesische Klößchen 55
Chinesischer Kuchen 269
Chinesische Suppen 53, 55
Chinesischer Brokkoli 289
Creme 261, 268
  Kürbis mit Creme 258
Curry 13, 52, 142–168
  Burmesisches
    mit Fisch und Bambussprossen 163
  mit Garnelen und Ananas 147
  Schweinefleisch Chiang Mai 148
Curry, gelber
  mit Huhn und Pfefferkörnern 160
  Snapper mit grüner Banane und Mango 144
Curry, grüner
  mit Fischbällchen 168
  mit Huhn 159
Curry, roter
  mit Fisch und Bambussprossen 163
  mit Ente und Litschis 164
  Schweinefleischcurry mit grünem Pfeffer 151
  Würziger Curry mit Hummer und Ananas 167
Curry, trocken
  Panaeng-Curry mit Rind 156
Curryfisch in Bananenchilis gedämpft 104
Currypaste 172–173, 289
  Chiang Mai 272
  fertige 172–173
  gelbe 275
  grüne 275
  Massaman- 276

rote 276
saure 73
trockene 272
Currypulver 287, 289
Currytäschen 31

D
Desserts 248–269
Dip
  mit Garnelenpaste 247
  Würziger Tomatendip 244
Dschungelcurry mit Garnelen 152
Duku 101
Durian 100, 101, 261, 289

E
Eier
  Gedämpfte Eier 27
  Schwiegersohn-Eier 45
  Soleier 287
Eiernudeln 291
  mit Meeresfrüchten 208
Ente
  Roter Curry mit Ente und Litschis 164
  Würzige gehackte Ente 91
Erdnusssauce 284
Essig 289

F
Festliche Gerichte
  Eier für den Schwiegersohn 45
  Roter Curry mit Ente und Litschis 164
  Würziger Curry mit Hummer und Ananas 167
Fisch 17, 102–129
  Curry mit Fisch und Bambussprossen 163
  Curryfisch in Bananenchilis gedämpft 104
  Fisch mit Chili und Anis-Basilikum 116

REGISTER

Frittierter Fisch mit süßsaurer Sauce 112
Gebackene Fischkuchen mit grünen Bohnen 20
Gedämpfter Fisch mit Pflaume 115
Gegrillter Fisch mit Knoblauch 119
Grüner Curry mit Fischbällchen 168
Frittierter Fisch mit Drei-Aromen-Sauce 123
Frittierter Fisch mit Ingwer 120
In Bananenblättern gedämpfter Fisch 107
Knuspriger Fischsalat 83
Reissuppe mit Fischfilet 73
Saure Fischsuppe mit Wasserspinat 73
Scharf-Saurer Salat mit gegrilltem Fisch 88
Snapper mit grüner Banane und Mango 144
Fisch, getrockneter 289
Fisch, haltbarer 129
Fischmarkt 126
Fischsauce 8, 62, 126, 128, 289
   unfermentierte 10
Fleisch 130–140
   siehe auch Rind und Schwein
Flügelbohnen 289
   Flügelbohnensalat 239
Frösche, gekocht 11
Frühlingsrollen 36
Frühlingsrollenblätter 36, 39, 289

G

Galgant 175, 289
Galoppierende Pferde 46
Garnelen 14, 127, 129
   Curry mit – und Ananas 147
   Dip mit Garnelenpaste 247
   Dschungelcurry 152
   Frittierte Thai-Nudeln mit Garnelen 216
   – in Teig 41
   – mit Anis-Basilikum 147
   – mit Koriander und Chili 42
   – und Wurst im Tontopf 212
   Gemüsesuppe mit Garnelen und Huhn 70
   Goldbeutelchen 28
   Klebreis mit Garnelen- oder Kokosbelag 27
   Pfannengerührte Knoblauchgarnelen 194
   Pomelo-Garnelen-Salat 80
   Reis mit Garnelen und Chiligelee 220
   Reissuppe mit Garnelen und Huhn 58
   Scharf-Saure Nudeln mit Garnelen 211
   Scharf-saure Garnelensuppe 65
   Scharf-Saure Suppe mit Muscheln und Garnelen 224
   Sesamgarnelen auf Toast 35
   Suppe mit gefülltem Tofu und Garnelen 77
   Won-Tan-Suppe mit Garnelen 207
Garnelen, getrocknete 129, 289
Garnelenpaste 17, 160, 289
Gebackene Fischkuchen mit grünen Bohnen 20
Gebratener Reis in Ananas 223
Gebratener Reis mit Krebsfleisch 227
Gedämpfte Eier 27
Gedämpfter Fisch mit Pflaume 115
Gedämpfter Klebreis mit Kokosmilch 280
Geflügel 130–140
Gegrillte Schweinerippchen 135
Gegrillter Fisch mit Knoblauch 119
Gegrilltes Huhn 140
Gelber Gurry mit Huhn und Pfefferkörnern 160
Geleebonbons 269
Gemischte Meeresfrüchte mit Chili 186
Gemüse 234–247
Geröstete Chilisauce 283
Geschmortes Schweinefleisch 139
Getrocknetes Rindfleisch 140
Gewürze 172–175
Glasierte Früchte 269
Glasnudeln 13, 291
   Glasnudelsuppe mit Hackklößchen 66
Goldbeutelchen 28
Goldene Blüten 269
Goldsäcke 32
Graskarpfen 129
Grundlagen 270–287
Grüner Curry mit Fischbällchen 168
Grüner Curry mit Huhn 159
Guave 101
Gurkenrelish 287

H

Hackfleischsalat mit Limonensaft 10
Haw Mok Thale Phrik Yuak 104
Haw Mok 107
Hawy Malaeng Tha-Khrai 111
Hawy Thawt 49
Het Phat Tao-Huu 190
Höfische Küche 6, 14
Huhn
   gegrilltes 10, 11, 55, 140
   Gemüsesuppe mit Garnelen und Huhn 70
   Grüner Curry mit Huhn 159
   Gelber Curry mit Huhn und Pfefferkörnern 160
   Hühnerfleisch in Pandanus-Blättern 39
   Hühnersalat mit Bananenblüte 87
   Hühnersalat mit Papaya 84
   Kokossuppe mit Huhn und Galgant 62
   mit Cashewnüssen 185
   mit Chiligelee 189
   mit knusprigen Thai-Basilikum 182
   Nudeln mit Thai-Basilikum 211
   Reissuppe mit Garnelen und Huhn 58
   Sateh mit Huhn 24

I/J

Ingwer 289
   eingelegter 289
Jackfrucht 98, 290
Javaapfel 101, 290

K

Kaeng Hangleh Muu 148
Kaeng Jeut Phrak Kai 70
Kaeng Jeut Plaa Meuk Sai Muu 61
Kaeng Jeut Tao-Huu Sai Kung 77
Kaeng Jeut Wun Sen Muu Sap 66
Kaeng Karii Kai 160
Kaeng Khiaw-Waan Kai 159
Kaeng Khiaw-Waan Luuk Chin Pla 168
Kaeng Kung Mangkawn 167
Kaeng Kung 147
Kaeng Matsaman Neua 155
Kaeng Muu Phrik Thai Orn 151
Kaeng paa 152
Kaeng Phanaeng Kung 147
Kaeng Phanaeng Neua 156
Kaeng Phet Kup Kluay Lai Ma-Muang 144
Kaeng Phet Pet Yaang 164
Kaeng Phet Pla Kup Naw Mai 163
Kaeng Som Pla Kup Phak Bung 73
Kaffirlimette 100, 101, 175, 290
Kai Haw Bai Toey 39
Kai Phat Bai Ka-Phrao 182
Kai Phat Met Muang Himaphaan 185
Kai Phat Nam Jim Phrik Phao 189
Kai Tun 27
Kai Yaang 140
Karambole 101
Karamelisiertes Schweinefleisch 139
Kardamom 290
Karii buff 31
Ka-Thi 279
Ketjap Manis 290
Khai Kem 287
Khai Luk Koei 45
Khanom Khao Phoht 35
Khao Niaw dam 257
Khao Niaw Ka-Thi 280
Khao Niaw Mamuang 250
Khao Niaw Na Kung 27
Khao Niaw 280
Khao Phat Kung Naam Phrik Phao 220
Khao Phat Puu 227
Khao Phat Sapparot 223
Khao Phot Thawt 35
Khao Plao 280
Khao Sawy 204
Khao Tom Kung Lae Kai 58
Khao Tom Plaa 73
Khreuang Kaeng Hangleh 272
Khreuang Kaeng Khiaw-Waan 275
Khreuang Kaeng Matsaman 276
Khreuang Kaeng Phanaeng 272
Khreuang Kaeng Phet 276
Kiaw Naam Kung 207
Klebreis 10, 13, 23, 231, 280, 291
   gedämpft 55
   mit Kokosmilch 280
   Klebreis auf Bananenblätter 11
   Klebreis mit Garnelen oder Kokosbelag 27
   Klebreis mit Mango 250
   Schwarzer Klebreis mit Taro 257
Kluay Buat Chii 250
Kluay Thawt 253
Knoblauch 175, 290
   Eingelegter 219, 290
Knoblauch-Chili-Sauce 283
Knusper-Rubine 254
Knusprige Reisnudeln 219
Knuspriger Fischsalat 83
Kohl, eingelegter 289
Kokoscreme 268, 269
Kokoseis 262
Kokosmilch
   dicke 279, 290
   dünn 279, 290

THAILAND KULINARISCH ENTDECKEN

Kokosnuss 26, 266, 279, 290
    Banane in Kokoscreme 250
    Klebreis mit Garnelen oder
        Kokosbelag 27
    Kokossuppe mit Huhn und
        Galgant 62
    Tapiokapudding mit junger
        Kiokosnuss 253
Kokospudding 55, 269
Kokosreis 84
Kokossuppe mit Huhn und Galgant 62
Kokoswaffeln 269
Koriander 175, 290
    Koriandersamen 290
Kra Pao Tong 28
Krachai 290
Krebs 129
Krebs mit Currypulver 108
Krebssalat mit grüner Mango 88
Kreuzkümmelsamen 290
Kuaytiaw Phat Khii Mao 211
Kuaytiaw Phat Thai 216
Kung Hom Par 41
Kung Lai Sai Krawk Nai Maw Din 212
Kung Phat Bai Phak Chii Lae Phrik 42
Kung Phat Kra-Tiam 194
Kürbis mit Chili und Basilikum 240
Kürbis mit Creme 258
Kurkuma 175, 290

L
Laap 10
Laap Pet 91
Langsat 101
Limettenschale 275
Limonen 290
Litschis 164, 290
Lotuswurzel 8
    kandierte 269

M
Mais 53, 290
    Zuckermaiskuchen 35
Mango 8, 101, 290
    Klebreis mit Mango 250
    Krebssalat mit grüner Mango 88
    Snapper mit grüner Banane und Mango 144
Mangosorbet 262
Mangostane 101
Mar Hor 46
Massamancurry mit Rind 155
Massaman-Currypaste 276
Meeresfrüchte 17, 102–129
    getrocknet 8
    Eiernudeln mit 208
    Gemischte mit Chili 186
    Krebs mit Currypulver 108
    Krebssalat mit grüner Mango 88
    Muscheln mit Krachai 111
    Scharf-Saure Glasnudeln mit 92
    Scharf-Saure Suppe mit 74
Miang Kham 46
Mii Krob 219
Milde Suppen
    Gemüsesuppe mit Garnelen und Huhn 70
    Suppe mit gefülltem Tintenfisch 61
Minze 290
Mungobohnen 291
    Sprossen 291
Muscheln 92
    mit Krachai 111
    mit Zitronengras 111
    Muschelpfannkuchen 49, 52
    Scharf-Saure Suppe mit Muscheln und Garnelen 224
Muu Parlow 139
Muu Phat Khing 193
Muu Phat Kra-Tiam Phrik Thai 201
Muu Phat Priaw Waan 197
Muu Ping 132
Muu Thawt 135
Muu Waan 139
Muu Yang 135

N
Naam Jim Aahaan Thaleh 283
Naam Jim Geam Boui Wahn 284
Naam Jim Phrik 283, 284
Naam Jim Sa-Te 284
Naam Phrik Awng 244
Naam Phrik Ka-Pi 247
Naam Phrik Phao 283
Naam Phrik 12
Nelken 291
Neua Haeng 140
Neua Phat Bai Horapha 178
Neung Hawy Lai Kra-Chai 111
Nok Gradtaa Thawt 136
Nudeln 13, 202–231, 291
    Chiang Mai 204
    mit Thai-Basilikum 211
Nudelsuppe 55

O/P
Obst 98–101
    eingelegtes 223
    geschnitztes 100
    konserviertes 100
Palmfrüchte in Zuckersirup 269
Palmzucker 14, 54, 267, 268, 291
    Palmzuckerpäckchen 54
Panaeng-Curry mit Rind 156
Pandanusblätter 39, 291
Papaya
    Hühnersalat mit Papaya 84
    Salat mit grüner Papaya 23
Paw Pia Thawt 36
Pfannengerührtes 176–202
    Eiernudeln mit Gemüse 220
    Knoblauchgarnelen 194
    Spargelbohnen 240
    Wasserspinat 239
    Mischgemüse 243
Pfeffer 151, 160, 201, 291
Pflaumen, eingelegte 115, 289
Pflaumensauce 284
Phat Ba-Mii Phak 220
Phat Chai Sim Naam-Man Hawy 236
Phat Hawy Malaeng Phuu Ta-Khrai 111
Phat Kuaytiaw Raat Naa Muu 215
Phat Ma-Kheua 236
Phat Neua Tao Jiaw Dam 181
Phat Pak Ruam 243
Phat Tak Thawng Kub Phrik 240
Phat Thaleh 186
Phat Thua Tak Yao 240
Phat Wun Sen 211
Phong Karii 108
Pilze 291
    Pilze mit Tofu 190
Pitahaya 101
Plaa Thawt Bai Hohraphaa 116
Plaa Neung Geam Boui 115
Plaa Phao 119
Plaa Thawt Rad Khing 120
Plaa Thawt Sahm Rot 123
Pomelo 80, 101
    Pomelo-Garnelen-Salat 80
    Pomelosalat 13, 139
Pudding
    Tapiokapudding mit junger Kokosnuss 253
Rambutan 8, 98, 291
Reis 10, 58, 139, 202–233
    gedämpfter 280
    mit Garnelen und Chiligelee 220
    Reissuppe mit Fischfilet 73
    Reissuppe mit Garnelen und Huhn 58
Reis der Bergvölker 232
Reisanbau 12, 230–233
Reisarten 230–231
Reismehl 291
Reisnudeln 14, 230, 291
Reisqualität 231
Rettich, eingelegter 289
Rind
    Getrocknetes Rindfleisch 140
    Massamancurry mit Rind 155
    Panaeng-Curry mit Rind 156
    Rindfleisch mit Anis-Basilikum 178
    Rindfleisch mit brauner Sauce 181
    Steakstreifen in Scharf-Saurer Sauce 95
Rochen 129
Roter Curry mit Ente und Litschis 164
Roti 9, 17
    Bananenroti 54

S
Sago 291
Sai ua 13, 42
Saku Peak Kab Ma Prao On 253
Salat mit grüner Papaya 9, 23
Salat 78–102
    Flügelbohnensalat 239
    Hühnersalat mit Bananenblüte 87
    Hühnersalat mit Papaya 84
    Knuspriger Fischsalat 83
    Krebssalat mit grüner Mango 88
    Pomelo-Garnelen-Salat 80
    Scharf-Saure Glasnudeln mit Meeresfrüchten 92
    Scharf-Saurer Salat mit gegrilltem Fisch 88
    Steakstreifen in Scharf-Saurer Sauce 95
    Würzige gehackte Ente 91
Sangkaya Fak Thawng 258
Sangkaya 261
Sapodilla 101
Sa-Te Kai 24
Sateh 17, 52, 132
    Sateh mit Huhn 24
Saure Fischsuppe mit Wasserspinat 73
Schalotten 175, 288
Scharf-Saure Garnelensuppe 65
Scharf-Saure Glasnudeln mit Meeresfrüchten 92
Scharf-Saure Nudeln mit Garnelen 211
Scharf-Saure Suppe mit Meeresfrüchten 74
Scharf-Saure Suppe mit Muscheln und Garnelen 224

REGISTER

Scharf-Saurer Salat mit gegrilltem Fisch 88
Schwarzer Klebreis 269
   mit Taro 257
Schweinefleisch
   am Spieß 132
   Frittierte Schweinerippchen 135
   Glasnudelsuppe mit Hackklößchen 66
   Gegrillte Schweinerippchen 135
   mit Ingwer 193
   mit Knoblauch und Pfeffer 201
   mit Spargelbohnen 198
   mit süß-saurer Sauce 197
   Scharf-Saure Nudeln mit Garnelen 211
   Schweinebauch, frittierter 55
   Schweinebraten 53
   Chiang Mai 148
   Schweinefleischcurry 13
   Schweinefleischcurry mit grünem Pfeffer 151
   Schweinswürstchen 42
   Weiße Nudeln mit Schweinefleisch 215
Sen Lek 216
Sesamgarnelen auf Toast 35
Shiitake 291
Silberner Pampel 129
Snacks 18–55
Snapper mit grüner Banane und Mango 144
Sojaquark siehe Tofu
Sojasauce 291
Soleier 287
Som Tam Malakaw 23
Som Tam 10, 13, 54
Sompon Nabnian 172–173

Spargelbohnen 198, 291
   Pfannengerührte 240
   Schweinefleisch mit 198
Steakstreifen in Scharf-Saurer Sauce 95
Straßenstände 52, 53
Suppe 9, 56, 56–77
   Aromatische Tofu-Tomaten-Suppe 69
   Glasnudelsuppe mit Hackklößchen 66
   Gemüsesuppe mit Garnelen und Huhn 70
   – mit gefülltem Tintenfisch 61
   – mit gefülltem Tofu und Garnelen 77
   Reissuppe mit Fischfilet 73
   Saure Fischsuppe mit Wasserspinat 73
   Scharf-saure Garnelensuppe 65
   Scharf-saure Suppe mit Meeresfrüchten 74
   Scharf-Saure Suppe mit Muscheln und Garnelen 224
   Won-Tan-Suppe mit Garnelen 207
Süße Bohnenpaste 269
Süßigkeiten 266–269

T

Tamarinde 175, 291
Tapiokapudding mit junger Kokosnuss 253
Tapiokamehl 291
Teigkörbchen 269
Thai-Auberginen und Kirschtomaten 236
Thai-Basilikum 175, 288

Huhn mit knusprigen Thai-Basilikum 182
   Nudeln mit Thai-Basilikum 211
Thai-Currys 17
Thai-Oliven 55
Thai-Waffeln 267
Thai-Würstchen 55
   Garnelen und Wurst im Tontopf 212
Thaptim Krawp 254
Thawt Man Plaa 20
Thua Phat Muu 198
Thung Tong 32
Tintenfisch 129, 208
   getrockneter 55
   Suppe mit gefülltem 61
Tischsitten 9
Tofu
   Aromatische Tofu-Tomaten-Suppe 69
   Knusprige Reisnudeln 219
   Pilze mit Tofu 190
   Suppe mit gefülltem Tofu und Garnelen 77
Tom Khaa Kai 62
Tom Yam Kung 65
Tom Yam Tao-Huu 69
Tom Yam Thela 74
Tom-Yam-Gewürze 175
Trockenfisch 127

V/W

Venusmuscheln 129
Vogelaugenchili 186, 288
Wachtel, frittiert 136
Wasserkastanien 227
   Knusper-Rubine 254

Wasserspinat 291
Weiße Nudeln mit Schweinefleisch 215
Won-Tan 28, 207, 291
   Won-Tan-Suppe mit Garnelen 207
Wu Sen 36, 13, 224, 291
   siehe auch Glasnudeln
   Scharf-Saure Glasnudeln mit Meeresfrüchten 92
Wun Sen Tom Yam Kung 224
Wurst
   saure 291
   Schweinswürstchen 42
   Thai-Würstchen 55
Würzige gehackte Ente 91
Würziger Curry mit Hummer und Ananas 167
Würziger Tomatendip 244

Y

Yam Hua Plii 87
Yam Kai 84
Yam Neua Yang Nahm Toke 95
Yam Plaa 83
Yam Plaa Yaang 88
Yam Puu Mamuang 88
Yam Som Oh 80
Yam Tua Phuu 239
Yam Wun Sen Thaleh 92

Z

Zitronenbasilikum 175, 288
Zitronengras 16, 175, 291
   Muscheln mit 111
Zuckermaiskuchen 35
Zuckerpalmen 266

DANK

Der Verlag dankt folgenden Personen und Organisationen für ihre Hilfe bei der Veröffentlichung dieses Buches:

The Dusit Group: Werachej Lelanuja, Jekkris Supeerajit, Holger Jakobs, Andrew Swatdipakdi, Saravuth Manuthasna, Victor Sukseree, Chanok Chaisiri, Ingo Räuber, Peter Held; Randall Marketing: Angela Blair; World Travel Services: Jack Painchokdee, Praphan Jandeng; Thailand Toursit Board Australia: Leanne Ward; Valcom: Frau Huai Hui Lee, Frau Chritravee Suwanag, Herrn Vitsnu Pongsmai; Tang Sang Hah Co. Ltd.: Worachet Pongpairoj, Jarin Pongpairoj, Patiphan Pongpairoj, Kobkiat Pongpairoj, Marosak, V. (QC), Ekaphol Chueroongrueng; Chiang Mai Thai Cookery School: Sompon und Elizabeth. Nabnian, Pom und der ganzen Belegschaft; Chia Meng Co. Ltd.: Herrn Tavo Manathanya, Frau Prapit Manathanya, Frau Mayura Manathanya, Herrn Somsak Kamjornkitbaworn, Frau Walaporn Phuhiran; Werk Mei Kim Lui, Phetchaburi; Oriental Merchant: Hanna Yiu.

© Copyright, text, design. photography and illustrations – Murdoch Books. All rights in this publication are reserved to Murdoch Books. No part of this publication may be reproduced, stored in any retrieval system or transmitted in any form or by any means, electronic, mechanical, photocopying, recording or otherwise without the prior written permission of Murdoch Books.

Titel der Originalausgabe: *The Food of Thailand*
ISBN 1-74045-473-1

Rezepte: Oi Cheepchaiissara
Zusätzliche Rezepte: Ross Dobson
Rezeptlektorat: Lulu Grimes
Design und Art Director: Marylouise Brammer
Designerin: Susanne Geppert
Herstellung: Fiona Byrne
Leitung Lektorat: Diana Hill
Lektorat: Wendy Stephen
Fotos (vor Ort und Rezepte): Alan Benson
Weitere Fotos (Rezepte): Jan Hofstetter
Foodstyling: Mary Harris, Katy Holder, Wendy Quisumbing
Karte: Berit Kruger-Johnsen
Publisher: Kay Scarlett
Chief Executive: Juliet Rogers

© für die deutsche Ausgabe: h.f.ullmann publishing GmbH
Sonderausgabe

Übersetzung aus dem Englischen: Susanne Bonn, Lindenfels,
für Verlagsservice Monika Rohde, Leipzig
Lektorat und Satz: Verlagsservice Monika Rohde, Leipzig
Gesamtherstellung: h.f.ullmann publishing GmbH, Potsdam

Printed in China, 2013

ISBN 978-3-8480-0421-8

10 9 8 7 6 5 4 3 2
X IX VIII VII VI V IV III II I

www.ullmann-publishing.com
newsletter@ullmann-publishing.com